U0556912

文联版
http://www.clapnet.cn

中国艺术学文库·戏剧与影视学文丛
LIBRARY OF CHINA ARTS · SERIES OF DRAMA AND FILM AND TELEVISION

总主编 仲呈祥

互为与互动的镜像
——中国电视真人秀研究

张贞贞 著

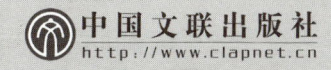

中国文联出版社
http://www.clapnet.cn

图书在版编目（CIP）数据

互为与互动的镜像：中国电视真人秀研究 / 张贞贞著. -- 北京：中国文联出版社，2018.3
（中国艺术学文库·戏剧与影视学文丛）
ISBN 978-7-5190-1372-1

Ⅰ.①互… Ⅱ.①张… Ⅲ.①文娱活动—电视节目—制作—研究—中国 Ⅳ.①G229.2

中国版本图书馆CIP数据核字（2016）第079990号

互为与互动的镜像
——中国电视真人秀研究

作　　者：张贞贞	
出 版 人：朱　庆	
终 审 人：奚耀华	复 审 人：陈若伟
责任编辑：曹军军	责任校对：慧眼校对
封面设计：杰瑞设计	责任印制：陈　晨

出版发行：中国文联出版社
地　　址：北京市朝阳区农展馆南里10号，100125
电　　话：010-85923055（咨询）85923000（编务）85923020（邮购）
传　　真：010-85923000（总编室），010-85923020（发行部）
网　　址：http://www.clapnet.cn　http://www.claplus.cn
E - mail：clap@clapnet.cn　529360500@qq.com
印　　刷：中煤（北京）印务有限公司
装　　订：中煤（北京）印务有限公司
法律顾问：北京市德鸿律师事务所王振勇律师
本书如有破损、缺页、装订错误，请与本社联系调换

开　　本：710×1000	1/16
字　　数：151千字	印张：9.75
版　　次：2018年3月第1版	印次：2019年3月第2次印刷
书　　号：ISBN 978-7-5190-1372-1	
定　　价：27.00元	

版权所有　翻印必究

《中国艺术学文库》编辑委员会

顾 问
（按姓氏笔画）

于润洋　王文章　叶　朗
邬书林　张道一　靳尚谊

总主编

仲呈祥

《中国艺术学文库》总序

仲呈祥

在艺术教育的实践领域有着诸如中央音乐学院、中国音乐学院、中央美术学院、中国美术学院、北京电影学院、北京舞蹈学院等单科专业院校，有着诸如中国艺术研究院、南京艺术学院、山东艺术学院、吉林艺术学院、云南艺术学院等综合性艺术院校，有着诸如北京大学、北京师范大学、复旦大学、中国传媒大学等综合性大学。我称它们为高等艺术教育的"三支大军"。

而对于整个艺术学学科建设体系来说，除了上述"三支大军"外，尚有诸如《文艺研究》《艺术百家》等重要学术期刊，也有诸如中国文联出版社、中国电影出版社等重要专业出版社。如果说国务院学位委员会架设了中国艺术学学科建设的"中军帐"，那么这些学术期刊和专业出版社就是这些艺术教育"三支大军"的"检阅台"，这些"检阅台"往往展示了我国艺术教育实践的最新的理论成果。

在"艺术学"由从属于"文学"的一级学科升格为我国第13个学科门类3周年之际，中国文联出版社社长兼总编辑朱庆同志到任伊始立下宏愿，拟出版一套既具有时代内涵又具有历史意义的中国艺术学文库，以此集我国高等艺术教育成果之大观。这一出版构想先是得到了文化部原副部长、现中国艺术研究院院长王文章同志和新闻出版广电总局原副局长、现中国图书评论学会会长邬书林同志的大力支持，继而邀请我作为这套文库的总主编。编写这样一套由标志着我国当代较高审美思维水平的教授、博导、青年才俊等汇聚的文库，我本人及各分卷主编均深知责任重大，实有如履薄冰之感。原因有三：

一是因为此事意义深远。中华民族的文明史，其中重要一脉当为具有东方气派、民族风格的艺术史。习近平总书记深刻指出：中国特色社会主义植根于中华文化的沃土。而中华文化的重要组成部分，则是中国艺术。从孔子、老子、庄子到梁启超、王国维、蔡元培，再到朱光潜、宗白华等，都留下了丰富、独特的中华美学遗产；从公元前人类"文明轴心"时期，到秦汉、魏晋、唐宋、明清，从《文心雕龙》到《诗品》再到各领风骚的《诗论》《乐论》《画论》《书论》《印说》等，都记载着一部为人类审美思维做出独特贡献的中国艺术史。中国共产党人不是历史虚无主义者，也不是文化虚无主义者。中国共产党人始终是中国优秀传统文化和艺术的忠实继承者和弘扬者。因此，我们出版这样一套文库，就是为了在实现中华民族伟大复兴的中国梦的历史进程中弘扬优秀传统文化，并密切联系改革开放和现代化建设的伟大实践，以哲学精神为指引，以历史镜鉴为启迪，从而建设有中国特色的艺术学学科体系。艺术的方式把握世界是马克思深刻阐明的人类不可或缺的与经济的方式、政治的方式、历史的方式、哲学的方式、宗教的方式并列的把握世界的方式，因此艺术学理论建设和学科建设是人类自由而全面发展的必须。艺术学文库应运而生，实出必然。

二是因为丛书量大体周。就"量大"而言，我国艺术学门类下现拥有艺术学理论、音乐与舞蹈学、戏剧与影视学、美术学、设计学五个"一级学科"博士生导师数百名，即使出版他们每人一本自己最为得意的学术论著，也称得上是中国出版界的一大盛事，更不要说是搜罗博导、教授全部著作而成煌煌"艺藏"了。就"体周"而言，我国艺术学门类下每一个一级学科下又有多个自设的二级学科。要横到边纵到底，覆盖这些全部学科而网成经纬，就个人目力之所及、学力之所逮，实是断难完成。幸好，我的尊敬的师长、中国艺术学学科的重要奠基人于润洋先生、张道一先生、靳尚谊先生、叶朗先生和王文章、邬书林同志等愿意担任此丛书学术顾问。有了他们的指导，只要尽心尽力，此套文库的质量定将有所跃升。

三是因为唯恐挂一漏万。上述"三支大军"各有优势，互补生辉。例如，专科艺术院校对某一艺术门类本体和规律的研究较为深入，为中国特色艺术学学科建设打好了坚实的基础；综合性艺术院校的优势在于打通了艺术门类下的美术、音乐、舞蹈、戏剧、电影、设计等一级学科，且配备齐全，长于从艺术各个学科的相同处寻找普遍的规律；综合性大学的艺术教育依托于相对广阔的人文科学和自然科学背景，擅长从哲学思维的层面，提出高屋建瓴的贯通于各个艺术门类的艺术学的一些普遍规律。要充分发挥"三支大军"的学术优势而博采众长，实施"多彩、平等、包容"亟须功夫，倘有挂一漏万，岂不惶恐？

权且充序。

（仲呈祥，研究员、博士生导师。中央文史馆馆员、中国文艺评论家协会主席、国务院学位委员会艺术学科评议组召集人、教育部艺术教育委员会副主任。曾任中国文联副主席、国家广播电影电视总局副总编辑。）

摘 要

时下，中国电视荧屏上大量涌现的"真人秀热"如火如荼。这些真人秀节目不仅深刻改变了电视行业生态和电视节目生产逻辑，而且构建起独特的镜像空间以及受众审美体验。这种由节目形态引发电视产业链革命的真人秀节目现象，引起了业内的高度关注。如何从经验性观察中梳理出一个明晰的逻辑线条，阐释这一现象背后独特的审美建构机制与运行规律，形成对电视真人秀节目的审美观照和理性思考，值得我们探索与研究。

本文以拉康的镜像理论为元理论，从电视真人秀的"镜像空间"这一核心视阈出发，从建构审美空间的相关变量赋值入手，通过对电视真人秀节目的传播形态、审美心理建构与社会功用等多维度考察，通过现实生活中人与人的关系，以及人与物的关系在电视真人秀节目中的镜像映射，探讨电视真人秀节目生产机制表征下的深层审美建构机制，为研究电视真人秀节目现象背后的动因与运行规律提供一种参照与反思。

本文以中国电视真人秀节目与观众之间互为与互动的镜像关系为思考起点，引出一系列前后关联的"问题单"：不同的真人秀节目会带给观众怎样不同的情感反应？他们的反应是由什么引发的？为什么有些真人秀节目会被观众迅速接受，有些却悄无声息？观众对真人秀节目的兴趣是主动出现还是被动引发？真人秀的节目形态会带给观众怎样的思维模式？全民追逐真人秀的狂热中，观众的行为和思想如何被影响？这一系列问题的追问都是具有现实意义与学术价值双重观照的。

本文在电视真人秀核心理论——"镜像空间"的建构部分，基于纪录片、影视剧与传统综艺节目观众思维模式建构的横向比较，围绕研究对象分类分层做出如下阐释：一、电视真人秀与生活映象、生活镜像的关系，即作为生活映象的电视真人秀与作为生活镜像的电视真人秀；二、电视真人秀节目的观众，在"自我""他人"与"他人眼中的自我"的辩证关系中，建构起独特的"镜像思维空间";三、互为与互动的镜像自我,即电视真人秀节目转化的"自我镜像"。上述三个螺旋式勾连的"问题单"正是电视真人秀节目形态的独特艺术价值。

　　本文借助结构主义语言学二元对立的研究方法,以及普洛普故事形态学的理论,对电视真人秀节目的内容建构进行了梳理,提炼出一条由恒量与变量相互交错的动态叙事结构。作为角色、规则与情境的恒量是确定的,是真人秀节目的核心元素;与其相对应的功能、任务、时空的变量是不确定的,是真人秀节目的动因,在确定性与不确定性的二元交互中,赋予了节目最大限度的可变空间,形塑了电视真人秀节目线性的、具有目的性、开放性的叙事系统。

　　在文本分析中,本文通过对中国电视真人秀节目的历时追踪,在由表及里、由此及彼、去粗取精、去伪存真的细化剖析的基础上,深入揭示了中国电视真人秀节目对于大众的文化心理、社会观念以及行为模式的影响,从而为电视真人秀节目重构受众的意识形态提供了一种阐释框架。

　　论文的最后部分,本文从批判的视野出发,基于电视节目泛娱乐化的现实,提出了中国电视真人秀的镜像审美建构,跳脱出真人秀节目限于传统综艺节目的传统思维范式,呼吁中国传统文化元素和公共道德意识的回归,期待中国电视真人秀节目"原创时代"的到来。

　　本研究的学术价值与现实意义主要体现在以中国电视真人秀节目为观察标本,通过对节目发展历史与内容演进的历时追踪与共时性考察,揭示出中国电视真人秀节目与观众互动的动力与路径、经验与矛盾。不仅展现了个案研究的丰富性与生动性,而且跳出了经验功能主义研究范式与泛化研究的窠臼,为社会转型期新兴节目形态与电视大众的互为与互动的融合关系的研究和实践提供依据。

　　关键词：电视真人秀　镜像　互动　审美

目 录

导 言 001

第一章 问题的提出 004
  第一节 研究对象与范围 004
    一、研究对象说明 004
    二、研究范围 006
  第二节 研究方法与研究框架 007
    一、研究方法 007
    二、研究框架 008
  第三节 文献回顾 010
    一、相关概念界定与梳理 010
    二、相关理论工具的梳理与阐释 016

第二章 中国电视真人秀的镜像空间 023
  第一节 真人秀是生活的映象 026
    一、真人秀的元素与真实世界一致 027
    二、真人秀的情感与真实生活融合 031

第二节　真人秀是生活的镜像　　　　　　　　033
一、剖析社会热点　　　　　　　　　　　　034
二、建立公共道德　　　　　　　　　　　　038
第三节　真人秀映射"镜像自我"　　　　　　040
一、情境化空间展现人物面孔　　　　　　042
二、失控体验中明确内心选择　　　　　　043
三、沉浸化叙事促使情绪升级　　　　　　045

第三章　镜像空间中的内容建构　　　　　　　　048
第一节　中国电视真人秀的动态叙事结构　　　050
一、恒量与变量对立统一　　　　　　　　050
二、恒量决定内容三元素　　　　　　　　052
三、动态叙事结构的建立　　　　　　　　052
第二节　中国电视真人秀的角色与功能　　　　056
一、角色界定　　　　　　　　　　　　　058
二、角色功能　　　　　　　　　　　　　061
第三节　中国电视真人秀的规则与任务　　　　070
一、设计的原则　　　　　　　　　　　　071
二、核心的机制　　　　　　　　　　　　072
第四节　中国电视真人秀的时空与情境　　　　073
一、自然环境时空　　　　　　　　　　　073
二、节目场景时空　　　　　　　　　　　075

第四章　镜像空间的审美建构　　078

第一节　中国电视真人秀节目的情感需求　　080
　　一、观众舒缓压力的"减压阀"　　081
　　二、观众沟通和情感表达的"共鸣箱"　　084
　　三、观众传播个人意见的"放大器"　　088

第二节　中国电视真人秀节目的镜像互动　　092
　　一、情感体验　　093
　　二、自我观照　　095
　　三、镜像思维　　099

第三节　中国电视真人秀节目的审美贯通　　101
　　一、审美的符号　　102
　　二、符号的泛化　　106
　　三、意义的贯通　　109

结　语　　114

参考文献　　118

附　录　　124

致　谢　　140

导　言

　　电视节目形态与审美之间存在一种传播的张力。谈传播，首先遭遇的是符号。回溯人类传播的历史，从声音到语言，再从语言到文字……符号的每一次迭代总是驱动着人类文明的车轮加速向前推进。当电视这种媒介同时运用语言和图像两种符号，并以无线电为技术手段进行传播时，具有审美元素的信息就开始强势占据电视的界面，突破现实生活与影像世界的边界，呈现出一种"仿真""超真实"或"内爆"现象。

　　电视真人秀节目就是传播、媒介和符号三者迭代的产物，它的出现具有历史的必然性与合法性。真人秀节目是人类对真实世界的模仿与再现，它以电视的符号语言进行传播，承载着人类的审美经验。因为媒介文化总是浸淫在媒介、社会和文化构筑的媒介场域之中。那么，"真人秀"究竟是什么样的节目形态？从审美视角来看，它具有何种审美特征呢？观察发现，电视真人秀节目是对真实世界的"投影"，它通过真人秀角色在荧屏上的反应与表达，再现生活的片段，为电视观众提供了沟通与情感表达的渠道和空间，赋予了电视观众映射"自我"，定位自我角色的心理建构空间。简言之，从不同维度考察"真人秀"，发现真人秀节目的审美特征具有不同的阐释路径，具有多重意义张力。

　　首先，从符号的视角来考察真人秀节目，我们发现真人秀节目呈现了真实世界与艺术世界的互动"镜像"，人们通过电视节目形态将自己的真实情绪、情感体验符号化，符号的所指被具象为"表演者"（角色），符号的能指被抽象为现实生活的各种际遇和人们的审美体验，由此导致符号的所指与能指的断裂与重构。其次，从传播的视角来考察真人秀节目，我们发现真人秀节目体现了"传者"与"受者"的互动关系，即真人秀节目的传播者（真人秀参与者）通过自己的"秀"与电视观众的"看"，形成了"秀"与"看"的互为与互动，他们共同构建了一个双向互动的传播空间。

最后，从审美的视角来考察真人秀节目，我们发现真人秀是一种特殊的节目形态，它选择现实生活中具有一定代表性的真人，借助电视独特的叙事技巧和表现手段，以某种特定规则激发角色的行为和情感，并通过电视荧屏这个拟像的"镜子"艺术化地表现角色的故事，形成电视观众与参与角色的互动，并产生一种"间离化"的效果。

这些观察与发现无意切中了我对电视真人秀节目最初的研究旨趣和困惑，以《非诚勿扰》为例，一档生活服务类娱乐节目"火"得不行，在短短一年间吸引了大众的注意力，不仅快速进入公众的视野，而且引发公众话语场持续发酵与升温，成为值得注意的现象。许多节目中引爆的问题讨论被推送到大众的现实生活中，形成"线上线下"、荧幕内外的互动。诸如马诺的"雷人"话语"宁愿在宝马车里哭，也不愿坐在自行车后笑"甚至一度成为坊间的流行语。此外，类似于《超级女声》《中国好声音》这样的选秀类节目，《非你莫属》《赢在中国》这样的职场类节目和《爸爸去哪儿》这样的亲子互动类节目等，不同类型的真人秀节目都"火"了，一时间成为各大卫视的主打节目样态。从节目现象出发，追问它背后的运行特征与规律，包括节目创作、传播效果、话语特征、节目样态等一系列贴近生活实际的经验性观察与思考成为本文研究的初始动力。

那么，如何找到一个合适的"取景框"，将上述观察与思考转化为一个值得探索的问题，并将经验性观察抽象为学理思考与问题追踪呢？真人秀节目形态与审美之间会不会有某种内在的关联？将研究的核心视点放在真人秀节目的审美特征与审美规律上，是不是一个合适的研究通道？带着这些思考，本文沿着两条线索推进：（1）相关美学理论的观照。（2）大量经验性素材的梳理与结构化访谈。

当形而上的理论观照与形而下的经验分析巧妙融合在一起的时候，我们的研究似乎找到了合法性依据，思维的闪爆也成为一种火花照亮的"发现之旅"。

本文以拉康的"镜像理论"为元理论，论证了真人秀实际上是一个具有多元审美体验的"镜像空间"。拉康的"镜像理论"认为，主体往往通过"镜中自我"确定自己的身份，从而完成真实身体认同"镜中自我"的身份确认过程。从拉康的"镜像理论"出发，讨论电视真人秀节目审美"镜像空间"的建构机制，阐释真人秀节目的审美特征与规律，进而把握表征节目形态背后的深层审美动因,即成为本研究的基本问题。值得进一步追问的一组"问题单"如下:真人秀节目为什么火?这个现象背后的动力何在?引发真人秀节目火爆的因素有哪些?这些因素具有什么内在关联?作为一种现象节目和草根文化,电视真人秀节目如何影响大众的思想和行为?这一系列问题的追问与探讨构成了本文的问题框架,也是本文的研究缘起。笔者带着上述观察、困惑、思考与发现,对研究问题、相关理论的运用、研究框架进行经验性梳理与交代,是为导言。

第一章　问题的提出

本书以"互为与互动的镜像——中国电视真人秀研究"为题,试图从中国电视真人秀节目火爆的现象入手,以拉康的"镜像理论"为元理论,在大量经验性观察与材料搜集的基础上,探讨电视真人秀节目的审美特征与规律,搭建一个关于电视真人秀节目的阐释框架,形成对电视真人秀节目的经验梳理与审美观照。

时下,中国电视真人秀节目火爆的现象成为一个研究热点。电视真人秀节目作为一个"舶来品",为何在短短十多年间抢占了各大卫视的热播档期,又为何引发电视观众如此多的热议?作为一种媒介文化,它的崛起具有历史的必然性与合理性吗?作为一种审美符号的再现,真人秀节目的所指与能指发生了哪些断裂与重合?它背后的运行机制是什么?本文拟从理论与现实两个向度出发,以中国电视真人秀节目的审美机制问题为入口,对中国电视真人秀节目的审美特征与规律进行经验分析与学理观照,为中国电视真人秀现象研究提供一个阐释的路径、反思与参照的资源。

第一节　研究对象与范围

一、研究对象说明

本文以"中国电视真人秀节目的现象研究"为对象,从审美视角出发,试图对这一现象展开经验梳理、分层剖解、样态归纳和学理追踪,从而归纳出中国电视真人秀节目的审美特征与基本规律。电视真人秀节目作为一种类型化节目样态,进入中国公众的视野不过短短十数年,作为一个西方"舶来品",它无疑经历了本土化的改造与变形,成为带有中国文化烙印的节目形态。从审美视角出发，探讨中国电视真人秀节目的审美属性与审美元素，发现它具有多重意义张力。

首先，一种节目形态往往浸淫在媒介文化与社会生态的土壤之中。真人秀的节目形态决定了它的属性，在众多电视节目类型中，唯有真人秀节目与其所处的时代有着最为紧密的联系。它以季播节目的形式出现，不断更新着节目元素，以期能够永远牵引着大众的视线，并持续在寻找这个时代最为生动的人物，节目的运作流程和表达方式决定了其内容永远与时俱进，它运用电视技巧将这些人物带入自然而本真的状态，然后用语言、行为、神态、反应、与他人的合作关系等一系列手段来展示这些人物，让电视机前的大众成为既亲密又疏离的旁观者，可以无所畏惧地、全方位地观看他人的生活，点评他人的行为，最终在潜意识下观照到自我。这是对传统电视节目形态中最优势元素的一次大融合，同时包括：纪录片的真实、演播室的仪式、电视剧的故事性、综艺节目的感染力。

其次，从电视真人秀节目的类型来看，它是多种类型节目叠加催生的产物。

真人秀节目综合了传统综艺节目、谈话节目、游戏节目、电视剧、体育节目、纪录片等节目类型，融合了新闻之外的所有电视节目特点，是一种内容宽泛、受众广泛、形式多样的新型节目样态，正是这个特点，使它不断替代传统的电视节目形态，成为中国电视节目中的"一枝独秀"；电视真人秀开创了一个人人参与，人人"表演"的电视时代，使普通大众成为了电视荧幕上的主角，并催发了新的电视观众心理；电视真人秀结束了电视台广告收入 80% 依靠电视剧的时代，其广告收入占据电视台整体收入的 50% 以上，缔造了广告份额、单条广告收入价格不断刷新的纪录，节目冠名费用跨入亿元价格区间；2015 年，卫星频道电视真人秀新推节目达 200 多档，是 2014 年的 5 倍，成为中国电视荧幕上的半壁江山。

再次，从电视真人秀节目的内容建构来看，它具有丰富的内涵与外延。电视真人秀节目是对外部真实世界的"投影"，通过真人秀演员在荧屏上的模仿与生活再现，为电视观众提供了沟通与情感表达的渠道和空间，赋予了电视观众映射"自我"，定位自我角色的心理建构空间，也通过真人秀节目表演者的真实身份与表演角色的"间离化"艺术处理，实现了电视观众对表演者身份的多重认同与审美欣赏。

最后，从电视真人秀节目的审美符号建构来看，作为一种审美符号的存在，中国电视真人秀节目始终具有所指与能指断裂与重构的张力。真人秀节目的符号化具有所指与能指两个维度的建构意义，所指的有限往往并不能代替能指的无限。从电视真人秀的所指来看，它似乎限于由真人秀演员（传者）与电视观众（受众）以及主持人共同建构的审美空间。然而，电视真人秀节目的能指却涵盖了所有电视媒介文化表征的人与真实世界的联结，突破了生活真实与艺术真实的界限，重构着电视节目虚拟影像的多重"镜像空间"。

二、研究范围

本文的研究主要对象是中国电视真人秀节目，所以它的范围限定在中国本土。由于电视真人秀节目是一个西方"舶来品"，它进入中国的时间不过二十余年。电视真人秀节目进入中国之后，经过本土化改造，打上了中国文化的特质和烙印，涌现了大量具有中国文化特色的电视真人秀作品。作为一种现象研究，中国电视真人秀具有丰富的研究指向，对中国电视真人秀节目展开一种对象化的研究有一定的意义。由于电视真人秀节目属于一种媒介文化，媒介文化又往往浸淫在媒介、社会与文化构筑的媒介场域中，对媒介文化的阐释与解读就需要考虑地域与文化的因素。这是本文研究的一个重要目标指向与学术价值所在。

中国电视真人秀节目显然具有不同于西方电视真人秀节目的独特样态，所以对中国电视真人秀节目的研究应该考量社会生态与文化思潮等变量；将研究范围限定于中国，也考虑到研究的接近性与便利性。作为植根于中国社会与中国文化的人，我们对中国社会与中国文化比西方社会、西方文化更熟悉，因此研究中国现象与中国问题具有天然的优势和合理性。

中国电视真人秀节目作为一种现象，究竟在什么时间进入中国学者的研究视野？这也是本文研究范围的另一个重要指标：研究起点。虽然作为一个现象研究，我们对研究范围的选择很难做时间限定，往往只能把握一个大致的阶段。但时间永远是一个真实、客观的维度。通过建构研究对象的时间坐标，截取一个研究的"取景框"也是必要的。具体来说，中国电视真人秀的研究大概历经十多年的跨度，而国内学者对中国电视真人秀现象的研究可以追溯到十年前。早在2004年，中国传媒大学苗棣教授面对"超女现象"曾预言："未来的中国电视，除新闻节目外将全都是真人秀。"

今天，这一说法已成现实。从数量、收视、广告、形态的丰富等各方面来看，中国的电视真人秀已经成为一种"热象"，21世纪初的中国电视荧幕是真人秀的时代，电视真人秀节目已成为电视研究者不能够忽视的一个重要节目类型。

从中国电视真人秀节目的现象入手，是本文对真人秀节目研究的时空限定，也是本文陈述的框架基础。

第二节　研究方法与研究框架

本文以拉康的"镜像理论"为元理论，对中国电视真人秀节目展开多维度的理论观照与考察。首先，从理论工具与研究方法的应用来看，这一研究主要理论工具是基于拉康的"镜像理论"，研究方法则包括文献研究法、文本分析与调查访谈等等。

本文主要以中国电视真人秀节目的审美问题作为切入点，从理论建构、经验分析等角度搭建对中国电视真人秀节目审美的阐释框架，形成四个内容板块的研究框架设计。

一、研究方法

作为一种媒介现象与媒介文化，对中国电视真人秀节目的研究主要采用人文社科领域常用的文献研究、文本分析、调查访谈三种方法，通过综合方法的应用达到阐释与透视的目的。

1. 文献研究

真人秀作为一种新的电视节目形态，在中国从进入到落地生根，以至在全国城乡家喻户晓，不过短短的十几年，《超级女声》开启了真人秀节目在中国荧屏的时代序幕。在中国，真人秀节目为什么会成为电视节目的佼佼者，又为什么会在一个特定的时期创造收视奇观？本文将通过尽可能丰富的文献研究，对真人秀节目的概念确立、受众需求等进行一系列内容分析、技术分析以及审美心理探究，试图对相关研究进行去粗取精、去伪存真、由此及彼、由表及里的分析和梳理，从而深入地找寻问题的定位、经验的基础以及未来研究的方向。

2. 文本分析

本文是针对十余年来的中国电视真人秀节目进行的研究，这也正是真人秀节目中国发展的黄金十年。十年间，中国电视荧幕上的真人秀节目类型之多、内容之丰富目不暇接，无须在此赘述，因此这里仅就此间引起普遍关注、对于同类型节目具有开拓意义的"现象级"真人秀节目进行实例解析，并对于此类节目的内容选择、技术呈现与大众审美需求之间的内在联系做一梳理、揭示，并从叙事结构的角度概括出真人秀节目的动态叙事理论。另外，从技术呈现的角度，对多个真人秀节目进行了具体详细的描述、比照、分析、概括，试图在经过对大量真人秀节目进行个案分析之后，将对其中的核心元素按表意功能上的差异进行大类别和更为细致的小类别的划分，并按恒量与变量进行元素归纳，以形成合理的研究脉络。

3. 调查访谈

调查访谈是文献资料的必要补充。本文的调查访谈主要涉及真人秀节目的两个方面：一方面是真人秀节目的观众分析，这部分内容以发放调查问卷的方式完成；一方面是真人秀节目的内容策划，为获取相关第一手资料做准备。

在预调查的基础上，本文结合论文设计，依据相对明确的问题意识和相关理论假设，进行了有针对性的问卷调查和访谈，对文献资料提供必要的补充。问卷调查时间与论文写作基本同步。访谈对象包括三类：A类：业界领导；B类：节目或频率一线工作人员；C类：学界专家教授。

调查时间从2013年10月到2015年10月，问卷调查以北京市民为样本，共发放550份问卷，回收504份；访谈对象包括：中国传媒大学真人秀研究学者苗棣老师，江苏卫视《非诚勿扰》主创团队代表、角色导演孙恺杰，而有的访谈是在我制作大型真人秀节目之中，由于工作需要进行的，包括对河南卫视真人秀节目《汉字英雄》《成语英雄》《文学英雄》制作人郭昕晖女士、爱奇艺真人秀节目导演许立女士、《十二道"锋味"》摄像组导演王浩先生、《谁是大能手》制片人汤识理先生等人的访谈。这些调查大大推动了论文专题的研究、论点的形成以及框架的搭建。专题调查时间与论文写作时间大致同步。

二、研究框架

本研究共分为四章，除第一章绪论中的研究缘起、研究对象、研究方法及研究综述外，本文的主体部分共有三章。第二章从拉康的"镜像理论"出发，探讨了真人秀节目所构建的镜像空间，与影视剧、纪录片、传统综艺节目相比照，更具有独特性，中国电视真人秀正是当下中国社会的镜像映射，每一个个体都能够在其中映照出自己；第三章，从叙事结构分析审美视阈下中国电视真人秀节目的内容生产，按照真人秀节目中元素的确定性与不确定性，将真人秀节目的核心元素分为恒量与变量，并在二者的互动中解析了真人秀是一种独特的艺术形态，正是确定性中的不确定性与不确定性中的确定性，构成了真人秀节目的独特艺术表达形态；第四章，本章阐述了电视真人秀作为一种独特的艺术表达形态，它呈现出来的镜像之美。本章从三个层面层层剖析了镜像之美的由来，从镜像思维空间，到镜像与我的互动关系，以及最终镜像中美如何建立。

结语部分，从接受美学视角透视中国电视真人秀的播出效果，从注意、体验与真实的感知角度论述节目与大众之间的互动关系，并进一步提出感官快感与精神美感的差异性，以及中国经典文化与中华美学精神的传承。具体图示如下：

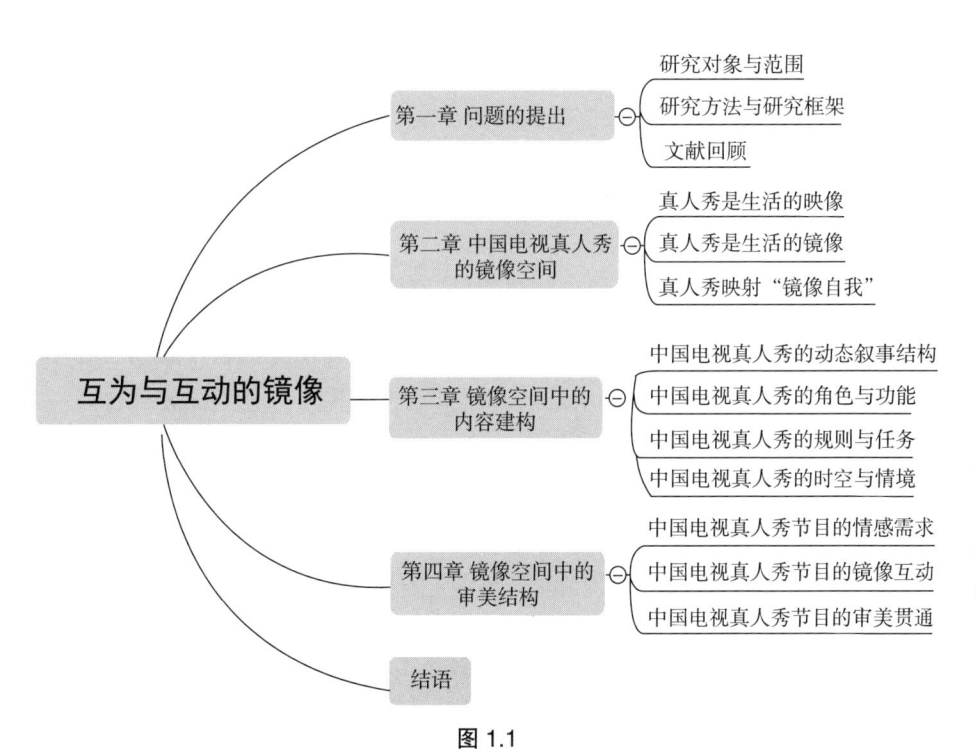

图 1.1

第三节 文献回顾

文献回顾主要从研究对象的相关概念入手，对中国电视真人秀的概念和研究现状展开梳理，接着梳理相关理论工具及其主要应用范围。

一、相关概念界定与梳理

1. "真人秀"的概念界定

"真人秀"这一名词源自电影《楚门的世界》（*The Truman Show*）的直译，这是一个中国式的名称，但对于西方电视界来说，更习惯把"真人秀"称为"Reality TV"，也就是"真实电视"。同时，"真人秀"也有很多其他称谓，包括格式化纪录片（Formatted Documentary）、分集真实肥皂剧（Episodic Reality Soup）、真实肥皂剧（Reality Soap Opera）、构建式纪录片（Constructed Documentaries）、记录肥皂剧（Documentary Soap）等。

在确立真人秀的定义之前，人们给"真人秀"的各种命名，也代表了人们对于它的界定取向。这一系列的名字中，有几个有特点的被认可的真人秀节目的元素：第一就是"真实"，第二是"肥皂剧"，第三就是"纪录片"，这三个元素的融合，恰恰是真人秀出现之始的偶然尝试，它们也组成了电视真人秀最基本、最核心的元素。

20世纪90年代，在西方国家普及的电视荧幕上，电视剧与情景喜剧仍是主要的广告投放方向。为了竞争广告收入，节目制作越来越精致，其成本也一路看涨，而初期的"真人秀"节目吸引电视制作人的关键点，正是它不需要剧本就可以直接投拍，它成为降低制作费用，提升广告竞争力的可行性选择。为了吸引最大多数观众的注意力，在降低制作成本的心理驱使下，电视制作者将最受欢迎的节目样态提炼出来，并尝试着糅合在一起：无剧本、无编剧、真实拍摄、普通人之间发生的故事，至于故事的情节，真人秀最初的题材充斥着性、暴力和恐怖犯罪等刺激眼球的内容。

英国播出的电视真人秀节目《老大哥》的第一期，"性"就是其中重要的特征，英国号称销量最高的报纸《太阳报》就曾直言不讳：《老大哥》是关于"性交"的节目。1991年之前，西方国家已经有大约30档真人秀节目播出，登普斯在提到真人秀时也曾指出："在任何时候——无论白天还是黑夜，任何一位观众只要打开电视，都能够看到紧急救援、性丑闻、恐怖罪行的再审理、由暗藏的摄像机记录下来的恶作剧玩笑以及冒充色情的、被不太微妙的性窥私癖围绕的游戏秀……"①

随着真人秀节目中对色情、暴力、恐怖内容的不断升级，媒体愈加严厉地批评真人秀节目中的价值取向和道德标准，电视观众开始对真人秀节目产生排斥心理。这些因素都促使真人秀节目探索更多的内容空间。澳大利亚和亚洲"自由媒介"在美国的地区首席执行官凯瑟琳·麦克（Catherine Macka）声称："美国的有限电视网络早已心知肚明，一个真实电视节目，和她的电视剧与喜剧节目一样，能够有效地抓住黄金时段的观众，但仅相当于它们一半的价格。制作真人秀节目比制作戏剧节目要便宜很多，但是他们在大多数场合吸引了和电视剧同样多的眼球，并且有时甚至更多，因为这些真实节目中的事件更接近自然。"②

真人秀节目开始与其他类型的综艺节目、益智类节目、室内情景剧、竞技类节目以及大受好评的脱口秀节目相结合，吸收不同类型节目的优势，演变出各种各样形态的真人秀节目类型。在融合的过程中，真人秀节目的核心元素逐渐清晰。

张晓阳最早向中国观众介绍真人秀节目《幸存者》，他把真人秀节目的形态特征概括为采用纪实性的创作手法，同时包含了游戏节目、益智节目、室内剧、竞技类、直播类、脱口秀的节目风格。这个定义已经明确了真人秀与其他不同类型节目的关系。它不是一种封闭的节目形态，它可以融合不同节目的特点、优势，同时，它还有着鲜明的个性特点，与其他类型节目有着严格的区分。张晓阳的定义显然并没有指出真人秀节目的核心元素，它仅仅是对于真人秀节目的一个归纳，定义中也没有对竞争机制和汰淘机制的概括，而这两点恰恰是促使真人秀节目中戏剧化情节产生的关键作用力。

国内学者尹鸿在我国第一部研究真人秀的专著中对真人秀的定义更加贴近："电视真人秀作为一种电视节目，是对自愿参与者在规定情境中，为了预先给定的目的，按照特定的规则所进行的竞争行为的真实纪录和艺术

---

① Annette Hill、赵彦华：《流行真人秀——真实电视节目受众的定性与定量研究》[M]，中国国际广播出版社 2008 年版。

② 同上。

加工。"①尹鸿强调了规定情境、给定目的、特定规则、竞争行为、真实纪录和艺术加工六个元素，对于真人秀节目的界定明确而具体，但是所有界定的标准，仅仅是从节目中的外在技术层面来思考，六个元素之间平行罗列，并没有强调出真人秀节目的核心本质——之所以在全世界像病毒一样疯狂传播的关键，正是真人秀节目对人的深刻表现。与此同时，学者还对真人秀元素进行分析，帮助理解真人秀节目，"真人秀在内容上，是真（真实）与秀（虚构）的一种结合，在形式上，是记录性与戏剧性的一种融合，在传播方式上，则是观看与参与性的互动。"②谢耘耕、陈虹在其著作《真人秀节目：理论、形态和创新》中对真人秀所下定义为："所谓真人秀节目，就是指由普通人而非扮演者，在规定情境中，按照指定的游戏规则展现完整的表演过程，展现自我个性，并被记录或者制作、播出的节目。"在这个定义中，真人秀节目中人的概念被强化，包括表演过程、展现个性，但是，定义本身因为强调选手的表演，界定略显宽泛，并不精准。传统综艺节目中，也是真人参与表演，展现自我个性，此定义显然无法使真人秀与传统综艺节目区分开来。

中国传媒大学苗棣教授在其著作《解密真人秀——规则、模式与创作技巧》一书中为真人秀所下定义为："我们认为，人造情境、自由时空和真实记录，是界定电视真人秀的三大特征。其中，任务与规则，又是构成人造情境的重中之重。具体来说，即：（1）人造情境：是指自由电视制作者人为制造的假定情境，以突出非虚构的戏剧性。（2）自由时空：是指将戏剧性结构与纪录式语态相结合，在时空表现中达到最大化自由。（3）真实记录：是指真实地记录节目进展的完整过程。"③在这个定义中，真人秀的核心元素被清晰地概括为：人造情境、自由时空与真实记录。

根据真人秀节目的本质特点，笔者为电视真人秀做出了如下界定：真人秀作为一档电视节目，是在人造情境下，以特定规则驱动人物行动，激发人物的即时情感，从而记录真实人物的真实表现。

这个界定强调了三个核心元素：人造情境、特定规则激发真情实感、

---

① 尹鸿：《娱乐旋风——认识电视真人秀》[M]，中国广播电视出版社2006年版，第6页。
② 郭恋恋：《关于真人秀的理论分析》[J]，[新闻爱好者，2010（3）：30—31]。
③ 苗棣、毕啸南：《解密真人秀——规则、模式与创作技巧》[M]，中国广播影视出版社，第60页。

真实人物的真实表现。人造情境,指人为打造的、与参与者常态生存环境不同的特殊场景,其特殊之处,正在于它营造的布置、灯光、环境等可以将参与者带入一种非虚构的戏剧性空间,这也是电视真人秀与纪录片的区分界限。特定规则,指它是节目制作水平高下的决定环节,好的规则设计可以激发人物思考、行动、选择,并在一系列的表现中自然流露真情实感,从而展示出个人对于世界以及对于他人的看法、态度,呈现出作为一个个体自身鲜明的特征。真实人物的真实表现,指人物以真实的身份参与节目,但人物在摄像机镜头的记录下,会产生与生活常态不同的行为举止,人物是在"表演",但这种表演是自己写台词、自己确定情节、自己设计表情、行动,是一种自导自演,又无时无处不展示真情流露,因此,我们称其为真实人物的真实表现,是一种主动呈现的真实自己。

2. 电视真人秀节目的发展

电视真人秀节目的发展按中外比较的视野,可细分为电视真人秀节目在国外的发轫与传播和在中国的引进与发展两个层面。

(一)电视真人秀节目在国外的发轫与传播

真人秀最早的雏形可以追忆到希特勒时期,最初它的出现并不是为了娱乐,而是为了蛊惑大众,或者说通过一种令人信服的方式,潜移默化地对大众形成精神、心理的影响。1945年始,希特勒在辖区的公共场所设置了一些大银幕,并将电视内容连接到公共银幕上,使得收视并不普及的电视节目能够公开播放,就连洗衣店中的家庭主妇也能够看到。这些电视节目主要以文艺、体育、教育类为主,其中就包括了最早形式的真人秀节目。比如,《家庭历险记:与德国人的一晚》节目记录了一对德国雅利安族年轻夫妻的全部生活,以期成为其他德国民众的榜样。还有一档节目则播放了对背叛纳粹的人执行死刑的全过程。

1954年,《一日女王》(Queen for a Day)节目在美国播出,它已经具备了真人秀节目的某些特性,不再是政治统治的工具。参与节目的女性通过与主持人的谈话,通过种种可怕的考验,讲述自己的悲惨故事,来赢取观众的同情,最终由观众投票选出一位最值得同情的选手,她就是当期节目的女王,并获取价格不菲的皮草大衣或者家用电器作为奖品。这个节目首次将生活中的普通人搬上银幕,并通过参与节目带给参与者实际的帮助和好处。《一日女王》在美国连续播出八年,被看作电视真人秀节目的源头。而真人秀节目的真正兴起是在20世纪70—80年代。

1973年，美国公共广播公司电视台（PBS）制作播出《一个美国家庭》（*An American Family*）节目，追踪拍摄了一个美国家庭一年的真实生活。一户刘姓家庭（Loud）开放自己的生活空间，让摄制队拍摄7个月共300多小时的片段，最后剪接成12个小时的节目，节目中描述了这家人从儿子出生到婚姻破裂的整个过程，这"狗血"而真实的故事引来了数千万群众围观，收视力十分可观。这个节目被很多人认定为真人秀的开端，但是节目中更多展现的则是纪录片的元素，与现在所指真人秀节目仍有本质的不同。

1999年9月16日，荷兰Veronica电视台播出《老大哥》节目，是第一档全球范围快速传播的成功范例，也开启了真人秀节目的黄金时代。2000年，美国哥伦比亚广播公司（CBS）制作播出《幸存者》。节目同样邀请普通人参与，并将其限定在一个特殊环境中，以有限的生存资源来考验选手们的耐心、毅力、判断和智慧。更宏大的场景、更多的选手、更苛刻的条件，这个节目无疑是《老大哥》的升级版本。

2001年，法国M6电视台播出《阁楼故事》，节目将场景设在一间阁楼中，仍然是24小时播放陌生男女的生活细节。自此，真人秀这一成熟的节目形态，开始在全球疯狂扩散，并衍生出各种不同的节目内容、节目形式。《老大哥》和《幸存者》开创的这种全新的节目制作理念启发了全球范围的电视节目制作者，他们开始了尝试各种题材的可能性，并使得真人秀节目这一形式在全球范围大肆繁衍。

（二）电视真人秀节目在中国的引进与发展

中国的电视艺术发展时间较晚，真人秀的出现却几乎与欧美同步。与其他国家类似，真人秀在中国最初的出现，缘于对野外生存类真人秀元素节目一次偶然的形式模仿，节目虽然收获了观众和学者的一致好评，但在电视制作人的概念里，这不过是一种新奇的节目设计方式，这时的真人秀被简化为有限物质条件、男女组合搭配，以及需要完成的一段不寻常的旅行。因此，最初几年时间里，真人秀节目几乎全部都是野外生存类，电视制作人在世界范围内搜寻类似的节目，寻找着令人新奇的元素，不断地完善着旅程的录制过程，这一阶段，国内对于真人秀尚无明确概念，只是千篇一律地套用同一个模式，或者变换一些零散的元素来提升节目制作水准，因此，我们也把1996—2003年这一时期，称为国内电视真人秀的"杂耍时代"；2003年，随着学界对于"真人秀"概念的清晰，更多国外不同类型的真人秀节目进入中国，其内容涉及大众生活的方方面面，也激发了大众不同程度的喜怒哀乐，2004—2014年，电视真人秀改变、融合了传统电视节目的形态、模式，从根本上重构了电视节目制作的理念，真人秀在中国日趋成熟，越来越多的电视机构、制作公司将电视真人秀作为最大的投入、制作方向，这是真人秀节目形态在中国发展的黄金十年，大到大众生活中遇到的困难、关心的话题、流行的元素、审美的风向，小到饮食口味、娱乐方式、情感经历等，一切为大众所关心的内容，都可以找到相应的真人秀节目类型，也因此，这个时期被我们称为真人秀节目的"镜像时代"，大众从真人秀节目中了解自己、洞察他人、释放情感，与社会建立联系；自2014年始，真人秀节目元素不断升级，其投入也不断增大，国内真人秀节目的制作费用已经升至亿元时代，华丽的舞台、闪亮的明星、豪华的拍摄与制作阵容，技术不断更新换代，内容却无法相应升级，从学者对其内容制作"雷同""扎堆儿"的质疑声，到大众对节目的审美疲劳出现，国内真人秀节目仅仅依靠引入模版来寻找拓展生存空间的时代已经走向衰退，时代呼吁着更加打动人心、融入中国文化特色与民俗特色，更有"中国元素"的原创真人秀节目形态出现，因此，我们称这一段时期为中国真人秀的"原创时代"。

2005年，湖南卫视再度推出以女性整容为题材的真人秀节目《天使爱美丽》；2006年，中央电视台模仿美国真人秀节目《学徒》，推出创业类真人秀节目《赢在中国》，湖南卫视模仿美国真人秀节目《真的变了》，推出青少年教育探讨类真人秀节目《变形计》；2006年，天津卫视推出四档真人秀节目，《化蝶》《今晚谁结婚》《我是当事人》《成龙计划》；2007年，江苏卫视推出婚恋类真人秀节目《非诚勿扰》。如果说，2004—2007年，国内电视真人秀还在以选秀类节目为主，尝试其他几个有限的真人秀节目内容领域，那么，广电总局对选秀类节目的限制和国外节目模版大量被带入中国的情况，则促使2007年之后中国电视真人秀节目再无禁忌，进入大规模引进国外成功节目版权、复制繁衍并"本土化"的时期。

2008年始，中国电视制作人开始大量购买国外成功节目版权，引入节目的制作模版，并根据广电总局抵制广播电视不良之风的明确规定，对西方充斥着性与暴力、过于娱乐化的节目进行了本土化改造，制作了一大批叫好又叫座的优秀节目。2008 年，湖南卫视引入荷兰恩德摩尔公司的版权，打造了益智类电视真人秀节目《以一敌百》，拉开了中国电视媒体与西方电视制作公司合作的大幕。

二、相关理论工具的梳理与阐释

本文主要做的是电视观众与中国电视真人秀节目互为与互动的镜像研究，该研究主要以拉康的"镜像理论"作为元理论，对中国电视真人秀节目现象的审美问题展开多维度的考察和阐释。

相关理论工具及其应用有三个层面：（1）从拉康的"镜像理论"出发来分析中国电视真人秀与观众互动的镜像空间，（2）从"叙事学"理论来研究中国电视真人秀的动态叙事系统，（3）从"使用与满足"理论探析中国电视观众的日常审美需求与心理审美空间的建构。

1. 拉康的"镜像理论"与"镜像空间"建构

"镜像理论"是精神分析学的一个重要理论，它由欧洲著名的精神分析学家雅克·拉康提出，1936 年，拉康在马里安巴德举行的国际精神分析学会的年会上第一次提出"镜像阶段"的观点，却并没有被大会重视，直到 1949 年的苏黎世第十六届国际精神分析学会上，拉康再次提及"镜像阶段"理论，并发表了《来自于精神分析经验的作为"我"的功能形成的镜像阶段》，引发国际精神分析学界关注。

拉康将婴儿出生后第 6~18 个月的时间称为"镜像阶段"，这个时期是婴儿意识确立的阶段，拉康从婴儿第一次照镜子这一现象出发，他认为正是镜子的映照使婴儿开始有了"自我"的意识，并在"他人"对于镜中婴儿的理解与表达中，逐渐确立了"自我"的概念，也就是说，从"镜像阶段"开始，婴儿通过照镜子认识到了"他人"，并通过"他人"的反应，建立了"自我"，在之后不断成人的过程中，"他人"的目光始终是"自我"认知的一面镜子，"自我"是虚空的，是"他人"看法的强化结果。这是对弗洛伊德的"本我""自我""超我"理论的反思。

弗洛伊德将人看作一个完整独立的个体，在此基础上对"自我"的确立进行研究，而拉康对"自我"的认知与其有着很大的区别，拉康更关注人与人之间的关系，他的"镜像阶段"理论正是深刻揭示了"自我"与

"他人""他人眼中的'自我'"之间的对立统一关系。

张一兵在《不可能的存在之真——拉康哲学映象》一书中,深入分析了拉康的"镜像理论",并把"自我"的建立分为三个阶段。第一个阶段,"自我"其实不是真实的"自我","自我"之初就是空无;第二个阶段,众多"他人"建立的语言环境形成了"自我"的意识、认识、成长,"他者"的反应映射出虚无的伪"自我";第三个阶段,伪"自我"是有欲望的,是被"他者"的欲望所控制的,是在欲望着"他者"的欲望。这也就是拉康镜像说的本相:"这不是一个自我意识面对另一个自我意识。一个实体的主人对另一个实体的奴隶的征服,而是幻象与空无的映射关系对'我'的奴役。"[1]

拉康的"镜像阶段"理论中,"自我"的确立源自镜子的影像,电视占据中国观众多数家庭时间的习惯传统中,人们通过电视认识世界、认识他人,最终认识自我,从这个意义上来看,电视荧幕是生活中的另一个"镜像",从电视中获取的一切,对于电视观众来说,是一种拉康式的镜像体验。德勒兹就提到视觉中包含影像与可读语言,他提到眼睛的第二种功能:听到。视觉认知成为文化(符号与他者世界)的基本方式。一个人最初看见了什么是如此重要,以至于注视本身就是力量。而中国电视真人秀节目,作为一种最为鲜活的电视节目新的形态,对于大众所带来的影响,更是远远超乎真人秀节目的制作者们的想象。

由此,我们提出,中国真人秀节目旺盛成长的黄金十年,也正建立着中国电视大众与现实世界的另一种沟通,通过电视荧幕这个拟像的"镜子",形成了大众与他人、与世界、与自己,互为与互动的镜像体验。大众通过真人秀这面真实世界的镜子,看到自己,同时也看到他人;在审视镜中自己的同时,比照着自我与他人的关系,并在比照中确立标准,调整自己。自我是谁,他人又是谁?当真人秀把真实世界镜像为具体的角色、情境、语言和选择,荧幕变成大众照见世界的那面拉康眼中的"镜子",角色成为镜子中的"自己",真人秀的意义就不单单是一种新的节目形态,它陪伴了自我的成长,见证了他人的意义。正如拉康所说:"这是最初的经历,人类从(镜像)中获得最初的经验,他看到自己,他反映自己,把自

---

[1] 张一兵:《不可能的存在之真——拉康哲学映象》[M],商务印书馆2006年版。

己当成他人，而不是他自己——这是人性的基本面，它们构成它全部的想象生活。"①

2."叙事学"理论与真人秀的内容制作研究

叙事学的发展经历了两个重要的阶段，一是经典叙事学，一是后经典叙事学。经典叙事学非常重视对文本叙述结构的研究。即"人们有时用它来指称关于文学作品结构的科学研究"②，其次，"关于叙事作品、叙述、叙述结构以及叙述性的理论"③。简单说来，经典叙事学就是关于叙事文本的理论。

"经典叙事学向后经典叙事学的转变大概发生于20世纪80年代以后，是受到后结构主义、新历史主义、女性主义、读者反应理论、文化批评等多种理论或者流派影响的结果。"④后经典叙事学不仅关注叙事文本的内在结构，还关注文本与读者之间的互动，文本本身的意义等，这也为本文以叙事学的理论研究真人秀节目的制作奠定了基础。

俄国民俗学家普洛普被尊称为现代叙事理论的鼻祖，他的《民间故事形态学》直接影响着叙事学的诞生并被公认为是叙事学的起始之作。这本于1928年出版的著作成为首部系统研究角色功能理论的成果，也是叙事学研究中的一座里程碑。普洛普打破了童话故事传统的分类方法——按人物和主题进行分类，他认为故事中的基本单位并非人物本身，而是人物或者角色在故事中的"功能"，即角色与功能的互动，他按照不同的"功能"从俄国民间故事中分析出31种类型，建立了"故事形态学"的框架。普洛普首次将故事的描述以科学的量化分析方法进行了解析与总结，并得出了故事成立的角色要求，以及撰写故事的情节类型与核心元素。

之后，后经典叙事学从符合规约的文学现象转向偏离规约的文学现象，或从文学叙事转向文学之外的叙事，将新闻、广告、音乐、录像等文本均纳入自己的视野。进入80年代后，视觉媒体的出现及兴盛，对印刷符号的语言文字构成了巨大的冲击，视觉文化符号传播系统正在成为我们生存环境更为重要的部分。

---

① 塞尔达·波洛克：《精神分析与图像》[M]，江苏美术出版社2008年版，第228页。
② 七卷本的《大拉霍斯法语词典》。
③ 新版《罗伯特法语词典》。
④ 张寅德：《叙事学研究》[M]，中国社会科学出版社1989年版。

美国学者W.J.P·米歇尔说，当下社会科学以及公共文化领域正在发生一种纷繁纠结的转型，他把这一变化称为"图像转向"。米歇尔指出，"图像转向"不是向幼稚的模仿论、形象化再现或图像的辅助解说转变，也不是向主体客体相互对应的理论回归，更不是一种关于图像"在场"的玄学的"死灰复燃"；它是对图像的一种后语言学、后符号学的再发现。它从根本上动摇了长期以来由传播手段限定和形成的人类文明的发展趋向，即文字长期居于独霸地位的现实，把图像当作视觉性、机器、体制、话语、身体和喻形性之间的一种复杂的相互作用的综合体来加以研究。[1] 今天，米歇尔的"图像转向"理论已不再被人们所质疑，甚至有学者提出，只有影像媒介的出现才标志着"图像转向"时代的来临，技术的发展和后现代的动力一道完成了"图像转向"的重任。

一方面经典叙事学向后经典叙事学转变，后经典叙事学研究出现了从注重叙事文本转变到关注日常生活中的各种叙事形式的趋势；另一方面"语言学转向"进入"图像转向"时代，对在视觉中心时代中占据重要地位的电视媒介的研究日益受到学者的重视。在这个"图像转向"的时代中，电视扮演着重要角色，电视文化成为占据大众时间与空间最大份额的一个部分，学者们开始关注电视媒介中蕴含的叙事。"我们可以看出以电视图像叙事为代表的视觉化叙事类型开始成为主导型的叙事类型，开始占据社会叙事格局的主流。"电视理论家萨拉·科兹洛夫在《叙事理论与电视》一文中直言在当今美国社会里，电视已成为最主要的故事叙述者，"大多数的电视节目——情景喜剧、动作系列片、卡通片、肥皂剧、小型系列片、供电视播放而制作的影片等，都是叙述性文本"，而且"在很大程度上叙述结构就像是座大门或一只格栅，即使是非叙述性的电视节目也必须穿其而过"。于德山在《视觉文化与叙事转型》中也论述道："电视图像叙事真正创造、释放了'图像'叙事的威力与作用，以电视图像叙事为代表的视觉化叙事类型开始成为主导型的叙事类型，开始占据社会叙事格局的主流。电视叙事铺衍着社会的话语，构成了西方后现代现实典型而驳杂的叙事文本。"在将叙事理论应用于具体的电视节目形态方面，伯格在《通俗文化、媒介和日常生活中的叙事》中从叙事学角度对广告、电视剧等电

---

[1] 米歇尔:《图像转向》[M]，(范静晔译)。

视文本进行了分析，杨新敏在《电视剧叙事研究》一书中详细论述了电视剧叙事理论。

叙事学经历了从经典叙事学向后经典叙事学的转变，这种转变客观上为"真人秀"的叙事实践提供了理论依据。真人秀作为影视剧、纪录片与传统综艺节目核心元素的集大成者，普洛普"故事形态学"的研究方法为本文提供了理论指导和方法借鉴，以经典叙事学理论为基础，从真人秀节目的三个核心元素：角色、规则和情境，去探究真人秀节目的内在制作规律，以及其独特的动态叙事结构。

3. "使用与满足"理论与受众情感需求研究

"使用与满足"理论是传播学的一个重要概念，其相关内容的研究源自20世纪40年代，1959年，卡兹在《大众传播调查和通俗文化研究》中首次提出"使用与满足"理论。它在学界的巨大影响，来自它扭转了传统思维下传媒如何单向度影响大众的思考方式，第一次站在受众的角度，从受众的心理动机和心理需求出发，运用心理学和社会学的相关知识，探析了受众使用媒介以满足个体需求的行为。"它把受众成员看作是有着特定'需求'的个人，把他们的媒介接触活动看作是基于特定的需求动机来'使用'媒介，从而使这些需求得到'满足'的过程。"[①]

受众，是指在一个"一对多"的传播活动中，接受信息的对象。顾名思义，在"受众"一词被创立之初，在传播学的概念里，它只是作为一个被动的信息的接受者，并不是一个具有独立思维、意识、需求的个体。20世纪60年代，"使用与满足"理论的发展转变了人们对于受众的理解，实现了从"传者中心论"到"受者中心论"的转变。"受者中心论"的研究者认为，在传播活动中，受者处于主导地位，媒介传播行为由于受者的需求动机而发生，媒介的传播内容以受者是否有效使用作为标准，受者并非消极地接受信息，而是积极地寻找需要的信息，从而促使了传播活动的发生。这也就是所谓的受者本位意识论。

"使用与满足"理论使得研究者们开始关注受众需求，并确立受众需求是传播活动开始的动机与目的。正如施拉姆将传播活动比作受众在自助餐厅里就餐，媒介在这样的场景中主要是服务于受众，提供尽可能多、尽

[①] 郭庆光：《传播学教程》[M]，中国人民大学出版社。

可能丰富的饮食内容（信息），以期使顾客（受众）吃饱并且吃好（需求满足），并且激发顾客（受众）再一次主动光顾（传播活动再次发生）。至于，在就餐过程中，顾客在餐厅中选择拿什么，拿多少，拿还是不拿？全在于顾客（受众）自己的个人喜好、口味需求、胃口好坏，甚至取决于那时那刻顾客的心情。换句话说："这个理论假设的中心是受众。它主张受传者的行为在很大程度上是由个人的需求和兴趣决定的。"除此以外，德国的学者伊丽莎白·纽曼提出"沉默的螺旋"受众模式与理论，在新闻传播活动中也确立了受众的中心地位。

1969年，麦奎尔等人调查新闻、知识竞赛、家庭连续剧、青年冒险电视剧等六种节目，归纳了四种满足的基本类型：娱乐解闷（逃避日常生活中的问题，释放情感）；人际关系（谈话中信息的社会效用，用媒介替代同伴）；自我确认（加强价值观，自我了解，了解现实）；环境监测（了解能够帮助个人或影响个人的信息）。

20世纪70年代后，研究者在研究了受众的动机、期望和传媒作用下的人的行为后，开始重点研究它们之间的关系。

1973年，卡兹、格里维奇和赫斯从关于大众传播媒介的社会及心理功能的文献上选出35种需求，并把它们分为5大类：认知的需要（获得信息、知识和理解），情感的需要（情绪的、愉悦的或美感的体验），个人整合的需要（加强可信度、信心、稳定性和身份地位），社会整合的需求（加强与家人、朋友等的接触），舒缓压力的需要（逃避和转移注意力）。

1974年，卡兹在其著作《个人对大众传播的使用》中首先提出该理论，他将媒介接触行为概括为一个"社会因素＋心理因素—媒介期待—媒介接触—需求满足"的因果连锁过程，提出了"使用与满足"过程的基本模式。

菲利普·帕尔姆格林认为只有在稳定不变而且缺少选择，传媒体系缺乏相应变化的环境里，人们想要的满足才与所得的满足相一致。今天的电视观众面对几百个可供选择的电视频道，上千种可供选择的电视节目，其选择的目的、动机千差万别，个体的差异性，也使得电视节目的制作要求更多元、丰富。真人秀节目由于融合了影视剧、纪录片与传统综艺节目的核心元素，它的繁盛与大众日益丰富的需求之间，有着必然联系。许多研究显示，人们对传媒的种种满足与许多传媒带来的效果有关。这些效果包括知识水平、对传媒的依赖性、人们的态度、对社会现实的认识、议程设置、讨论以及不同的政治效果变量。1981年,温达尔提出"使用与效果"模式,呼吁将效果研究和使用与满足研究结合在一起。在使用与满足的媒介效果中,"对媒介的依赖"受到人们关注。温达尔发现人们越是渴望从媒体那里获得满足或是认为他们获得了满足,他们就越会依赖这个媒体。

"使用与满足"理论以及"使用与效果"模式,给予我们研究真人秀节目的大众情感需求的理论支撑,这也是本部分研究的理论起点。

第二章　中国电视真人秀的镜像空间

"真正和真实的人是他和他人互动的结果,他的'我',以及他的自发观点是通过'承认'被中介化的。"

——柯热夫

雅克·拉康被称为"法国的弗洛伊德",也是欧洲著名的精神分析学家。他的重要理论成果之一就是"镜像理论"。

1936年,拉康第一次参加了在马里安巴德举行的国际精神分析学会的年会,在会上他提出了"镜像阶段"的观点,却并没有引起足够重视,拉康的发言被会议主席、弗洛伊德的传记作者厄内斯特打断,而原稿也丢失。直到1949年的苏黎世第十六届国际精神分析学会上,拉康再次提及"镜像阶段"的观点,并发表了论文《来自于精神分析经验的作为"我"的功能形成的镜像阶段》。拉康将婴儿前语言期的一个时期——意识确立的阶段——即婴儿出生后的第6~18个月的时间称之为"镜像阶段",在经历了"镜像阶段"对于"自我"的误认后,弗洛伊德所指的"本我"就不存在了。

拉康认为,当一个婴儿出生之时,他是没有自我的意识的,尚不能主动地控制自己的身体,他将自己的身体理解为分离的肢体,并不具备完整性。当婴儿偶然站在镜子之间,镜子里出现的那个人是陌生的,婴儿并没有立即与自己联系起来,这时,镜中的人是婴儿眼中的"他者",而母亲作为熟悉的影像,在镜子中同时出现,这使婴儿开始有了"自我"的意识。拉康这样描绘这个阶段的婴儿在镜子前的场面:"一个尚处于婴儿阶段的孩子,举步趔趄,仰倚母怀,却兴奋地将镜中影像归属于己,这在我们看来是在一种典型的情境中表现了象征性模式。"[1] 从这个阶段来始,婴儿

---

[1] [法]拉康:《助成"我"的功能形成的镜头子阶段——精神分析经验所揭示的一个阶段》[G] // 朱立元、李钧:《二十世纪西方文论选》,高等教育出版社2002年版,第357页。

通过镜子认识到了"他者"是谁并通过活动肢体调动镜中的"自我",从而逐渐建立起"自我"的意识。也正是从"镜像阶段"开始,婴儿通过镜子认识到了"他人",并通过"他人"的反应,意识到了"自己"。换句话说,"他人"的目光也是婴儿逐步认识"自我"的一面镜子,"他人"不断地向婴儿发出信号,在反复的强化中,婴儿将镜像中的映象内化成为"自我",开始了婴儿不断成人的过程。

张一兵在《不可能的存在之真——拉康哲学映象》一书中,深入分析了拉康的"镜像理论",把婴儿从"自我"的建立到"自我欲望"的形成,划分出三个阶段。第一个阶段,由拉康的镜像理论可以看到,婴儿由镜子中认识到的"自我"其实不是真实的"自我",而不过是"自我的镜像",是一个由镜子折射出的"自我"的影子,于是,"自我"从一出现就形成于"他者"的视线之中,"自我"之初就是空无;第二个阶段,拉康说,我不是可以感知、触摸的肉身,而是一个由语言系统编织起来的符号,不是人在操纵、控制话语系统,而是语言在控制人,是语言环境形成了"自我"的意识、认识、成长,"他者"的反应映射出虚无的"自我";第三个阶段,"自我"是虚空的,是无欲无求的实体,而"他者"目光中形成的"自我"是"伪我",是假象,但这个伪"自我"是有欲望的,是被"他者"的欲望所控制的,是在欲望着"他者"的欲望。镜子混淆了现实与想象之间的差别,镜像阶段是一个自欺的感觉瞬间,婴儿由此迷恋上了自己的身体,迷恋着那个镜子里的伪"自我",并把镜中的一切,也就是"他者"眼中的一切看作"自我"的需要,是想象性思维方式的起点。以镜像阶段为基础,儿童的成长会依据与"他者"的关系继续用想象思维编织起更为复杂的"自我"形象。这也就是拉康镜像说的本相:"这不是一个自我意识面对另一个自我意识。一个实体的主人对另一个实体的奴隶的征服,而是幻象与空无的映射关系对'我'的奴役。"[1]

拉康的镜像阶段从婴儿照镜子出发,将一切混淆了现实与想象的情景都称为镜像体验。

拉康提出的"镜像阶段"是一种认识活动,换句话说,也就是"自我"的建立过程。当主体与外界最初接触时,主体认识到的并不是客体本

---

[1] 张一兵:《不可能的存在之真——拉康哲学映象》[M],商务印书馆2006年版。

身，而是客体的变形，是客体在主体头脑中映射的"镜像"，是主体对客体的认知和感受。之后，拉康由镜像理论又引申出关于人格的想象、象征与现实三个层次的理论。关于人格的想象，是主体对于客观世界的认知过程，通过镜像阶段，主体将识别到的、有意识的认知与无意识的映射等一切信息都在大脑中储存下来，转化为认知客体的图像；象征是符号化的认知方式，是主体基于对世间元素的象征的知识积累，将它们在头脑中串联、串通，产生出新的意义；想象的内容与象征的内容相融合，就成为现实。在拉康的理论中，现实与"自我"都不是客观存在的，都是镜像理论的映射现象，现实是通过"自我"的主观理解、想象、认知而透射出的主观理解，在拉康看来，客观事物是未知的。

根据拉康的镜像阶段理论，视觉无疑是人身体主要的与基本的认知感官之一，婴儿正是通过镜中的影像第一次对"自我"有了意识与想象，视觉包括了感官的感觉，即眼睛的观察与大脑的思考，即想象力的进入，在图像与想象之间建立起联系。视觉的范围既包括文本也包括图像本身，而人们总是首先被图像所吸引。

在媒体发展迅速的今天，电视媒体占据着大多数中国人的休闲时间。人们通过电视认识世界、认识他人，最终认识自我。从这个意义上来看，电视荧幕是生活中的另一个"镜像"，从电视中获取的一切，对于电视观众来说，是一种拉康式的镜像体验。德勒兹就提到视觉中包含影像与可读语言，他提到眼睛的第二种功能：听到。[1] 视觉认知成为文化（符号与他者世界）的基本方式。一个人最初看见了什么是如此重要，以至于注视本身就是力量。[2] 而中国电视真人秀节目，作为一种最为鲜活的电视节目新的形态，对于大众所带来的影响，更是远远超乎真人秀节目制作者们的想象。

由此，我们提出，中国真人秀节目走向黄金十年，在旺盛成长的同时，也搭建起中国电视观众与现实世界认知的另一种沟通，通过电视荧幕这个拟像的"镜子"，形成了大众与他人、与世界、与自己，互为与互动的镜像体验。大众通过真人秀这面真实世界的镜子，看到自己，同时也看

---

[1] 吉尔·德勒兹：《对无声片的论述》，《时间—影像》[M]，湖南美术出版社2004年版，第九章。

[2] 阿德里安娜·瑟妮：《分析的片段：香坦·阿克曼的〈家乡来信〉〈或双城母女记〉》[J]，迈克尔·安·霍利："有一点是无疑的：注视即是力量，但能够让人注视同样是一种力量。"

到他人；在审视镜中自己的同时，比照着自我与他人的关系，并在比照中确立标准，调整自己。自我是谁，他人又是谁？当真人秀把真实世界镜像作为具体的角色、情境、语言和选择，荧幕变成大众照见世界的那面拉康眼中的"镜子"时，角色成为镜子中的"自己"，真人秀的意义就不单单是一种新的节目形态，它陪伴了自我的成长，见证了他人的意义。正如拉康所说："这是最初的经历，人类从（镜像）中获得最初的经验，他看到自己，他反映自己，把自己当成他人，而不是他自己——这是人性的基本面，它们构成它全部的想象生活。"①

真人秀中的"真"，是生活中的真人、真情、真实的表现，真人秀就是真人的典型，它是现实生活的映象。真人秀中的"秀"，不是表演，不是作秀，是由荧幕空间、真人秀的节目特性所挤压出来的角色的本心，"秀"是生活的镜像，而镜像是秀出来的典型符号，它是能量的意义和价值。因此，真人秀是生活的映象，也是生活的镜像，它是映象中的镜像折射，是镜像中的映象表达。

第一节　真人秀是生活的映象

映象通常被理解为"反映"。在胡塞尔的现象学中，它被用来描述当下化（想象）行为的特征，从而与作为当下拥有（感知）的自身展示相对应，据此而可以被译作"映象"。胡塞尔在《逻辑研究》（1900—1901年）以及《纯粹现象学与现象学哲学的观念》第一卷（1913年）时期主张，所有想象行为都是对只能在感知中自身展示的原本之"映象"或"反映"，因而在某种程度上都只是对原本的"摹写"或关于原本的"图像"，而非原本本身。这个意义上的"映象论"也被胡塞尔称为"图像论"。

观影的过程与婴儿照镜子十分相似，婴儿是在照镜子的过程中逐步建立起"自我"的意识，而电视观众是在电视观看活动中，逐渐地对照着自己与他人的关系、位置，在观看他人故事的过程中引发自我的思考，观众会和婴儿一样，对于电视节目中的一切寻找着自我的认同感，并把自我的

---

① 塞尔达·波洛克:《精神分析与图像》[M]，江苏美术出版社2008年版，第228页。

想法、需求、欲望和情感，投射到电视节目中相应的人物身上，然后再反过来在观看节目的过程中求得自我的认同。这一镜像体验的过程，在真人秀这一特殊的电视节目形态中尤为明显。

选手进入电视真人秀，带着生活中真实的身份、故事，在摄像机的记录下，"真实地"反映出自己的判断、选择和情感。这里的真实有两层意思：一方面，在录制节目的那个时间段内，他所有的一切都是真实的表达，没有预制的台词、没有剧本、没有规定情节、没有既定的故事结果，真人秀中的一切行动都需要选手自己思考、判断和选择。因此，它传递出的全部图像信息是选手真实的人物展现。另一方面，在节目规则限制的特定情境中，在巨大竞争压力的制约下，他的语言和行为描述的"现实"和"真实"，不过是真实世界的反射，是一个主观意愿下的生活侧面。

在电视荧幕中，真人秀节目就像是现实生活的一个映象，或者说微缩版的现实世界。人物来自现实世界，话题是生活中人们视线的焦点，其节目中折射出的价值观、人生观、道德观无一不与现实世界关联着。真人秀这一特殊的电视节目形态，使得电视观众与真人秀节目内容相互作用、相互影响。真人秀节目的制作方向由电视观众的关注度决定，而节目内容又反作用于电视观众，对于大众的感官形成强有力的互动体验。

角色，作为现实世界的个体，他所描述的世界，正像胡塞尔对于"映象"的描述，众多选手汇集在一起，众多不同内容的真人秀节目汇合在一起，拼凑出一个现实世界的方方面面，一个现实生活的映象。这个由真人秀节目展现出的"现实生活的映象"，伴随着真人秀节目在中国的成长逐渐清晰起来。

一、真人秀的元素与真实世界一致

真、人、秀，是电视真人秀的三个特征，一言以蔽之，真人秀是用真实的人物、真实的身份做真实的表达，这里的人及活动与现实世界中的人及活动几乎无异。根据拉康的镜像阶段理论，现实世界中的人，通过与"他者"的互动确定"自我"的意识，为了强化"自我"的形象，就需要进一步获得"他者"的认可，因此，原本无欲无求的"自我"有了满足"他者"的欲望，或者说，满足"他者的欲望"的欲望。从这一点来理解，现实世界的人物，原本就是一场现实世界里的真人秀表演：表演如何成为

"他者"眼中的"贤妻良母"，表演如何做好一个"合格的教师"，如何成为一个孝顺懂事的"子女"……现实世界中，"秀"无处不在；真人秀节目中，处处是真实的表达。真人秀与真实的世界之间，其界限不过是一道荧幕的阻隔，荧幕是映射世界的镜子，本就是你中有我，我中有你。

角色、节目规则、人造情境，是真人秀节目的三元素，从这三元素看真人秀节目与现实世界的映象关系。

1. 角色设定

一方面，真人秀节目中的角色不同于传统电视节目，角色不仅仅要以真实的身份参与节目，更重要是在节目中表达出真实的自己。

传统电视节目中，角色仅仅是一个符号，更多的是完成节目导演的要求，角色的真性情没有着重表现，而真人秀中的角色，本身就是自己的导演，如何行动、如何表达、如何选择、如何把控，喜怒哀乐的情感表达，都由自己来拿捏掌握，摄像机则把这一切过程全程记录下来，是对于角色本真表达的忠实旁观者，摄像机的视角就是电视观众的视角，也是"他者"的旁观视角。角色在摄像机前的展现，正像真实世界中的个体表现，角色正是现实世界的一个典型，身份不同、性格各异、目的多样的角色组合在一起，就是一个微观的真实世界的侧写。

另一方面，真人秀是舞台上真实的人在"秀"自己，现实世界里是"秀"包装出的人在演绎真实的生活。二者只是荧幕内外的展现环境不同，表相各异，但有本质上的相同。

真人秀中角色的表达方式，与现实生活中的人物几乎无异，与真人秀中的角色一样，现实生活中的人物也在表演或曰"秀"着自我。在拉康的镜像理论中，个体对于自我的认知伴随着镜中的影像，他人的目光塑造出"自我"的意义。正因为他人对于个体的看法如此重要，现实生活中，人无时无刻不在被他人影响，甚至左右。人与人之间在真实相处时都有"表演"的修饰，人们表达自我的过程，也是在表演心目中理想化的自己，是一种生活中的"秀"。日常生活中的"秀"既是一种常态的展现，也是一种本真自我的保护色，是对于自我的包装。人的一生，都在追问"自我"的真相：自我与他人是联系还是分割？自我是统一还是分裂？自我与自我意识如何区分？按照拉康的镜像阶段理论，"自我"原本是不存在的，是由他人一步步打造的，是一个"他人"眼中的"自我"形象，这种迎合社会公共道德标准的"自我"塑造，是一种现实生活中的"表演"。

因此，角色在真人秀节目中的表演与大众在现实生活中的表演一致。真人秀中的他者是摄像机，是电视前的观众，现实生活中的摄像机是邻居、同事、家人的眼睛，二者同样都促使真人秀选手在节目中、在情境中做出选择，选择言行举止的符号表达；在困境中做出取舍，并伴随这一过程逐步建立起"自我"。这是真人秀节目作为现实生活映象的特征之一，表现出真人秀节目的行为逻辑与现实生活的一致性。

2. 节目规则

真人秀节目是秀的动因，好的节目规则可以让角色更加真实、生动、有吸引力，或者说，能够逼迫角色"秀"出本心。正是因为规则的设置，使得角色不能够无拘无束、随心所欲的行动，角色想要脱离桎梏，只有绞尽脑汁地寻找方法、寻找帮助。在规则的设计中，角色不能够独来独往，而必须与他人发生联系，他要取得对手（也就是"他者"）的信任和支持，甚至获得"他者"的帮助，这一点，也与现实生活一致。

3. 人造情境

节目规则与拍摄环境融合在一起，配合提前设定好的既定角色，就是真人秀节目的人造情境。

在大型文化类真人秀节目《文学英雄》的室内场景部分，舞美设计师布置了一块白布，在灯光的映射下，时而像一道瀑布，时而是一块银幕，挂在舞台上，伴随着台上角色声情并茂的故事讲述，与之呼应地变幻效果，让观众有一种如梦如幻、真真假假的虚幻感。《超级女声》的人造情境完美地迎合了灰姑娘变公主的童话梦，从简陋的海选空间到万人瞩目的梦幻决赛舞台，经历了层层选拔的普通女生，也一步步蜕变为美丽的白天鹅，才能够在灯光璀璨的舞台上女王范十足地唱出数万人心中的梦想。

人造情境与社会学中的社会情境十分类似。社会学研究社会情境与社会行为之间的关系，发现社会行为是互动的，且各种行为都产生于特殊的社会情境之中，由人物的角色地位、社会行为规范以及不同的文化背景、价值目标促生。美国社会学家W.I·托马斯提出了对人的行为的社会情境的研究。他在与F.W·兹纳尼茨基合著的《波兰农民在欧洲和美国》（1918—1920）一书中，强调社会情境研究的重要性。在《生活失调的少女》（1923）中，托马斯用求新奇、求安全、求感应、求声誉这4种愿望，分析了不同少女们的态度和价值取向，以说明不同社会情境的界定对人的心理和行为的影响。1927年托马斯在《行为模式与情境》的论文中，进一步说明了社会情境对行为研究的重要性。1945年H·卡尔在《美国社会学杂志》9月号上发表《情境社会学》一文，正式提出学科名称。[①]

根据卡尔的意见，一个社会情境包含6种因素，我们逐一与真人秀节目中的元素做出对照，并以《极限挑战》为例具体说明。

表2.1

序号	社会情境的因素	真人秀节目	以《极限挑战》为例
1	行为主体的人	真人秀的角色	孙红雷、黄渤、黄磊、罗志祥、王迅、张艺兴
2	含有各种特殊意义的文化特质	节目定位	大型励志体验真人秀，每一个任务都是一个社会问题，
3	特殊意义与人之间的关系	角色选择的依据	节目致力于探讨中国社会男人的压力和现状
4	个人及群体的社会互动过程	角色之间、角色与他人的互动	黄渤给人送快递，因为延误遭退货；孙红雷在幼儿园代班，反被孩子折磨到崩溃；王迅在282米高空冒着生命危险擦了近3小时玻璃收入270元后，为了7块饭钱跟"老板"讨价还价
5	特殊的时间	拍摄时间	2015年
6	特殊场合和地点	拍摄地点	上海、重庆、云南、山东、浙江等

在托马斯的社会情境理论中，社会情境可以驱使作为客体的人做出行为和态度的改变，同时，人作为社会情境的主体，也可以在与他人的互动中改变情境状态。"人对周围世界的反映仅必须以对从外面进入的信息的知觉过程为前提，而且要以能动的把它变换成可理解的感知映象和概念论结构的过程为前提"，因此，"感知结构一方面是外部刺激物作用的结果，

---

① 参见百度百科词条"情境社会学"。

另一方面有主体做出的贡献。"①

在真人秀节目的设计中,故事的发生总是依靠于一个场景,人造情境给予了故事发生更合理、更真实、更生动的环境。利用声、光、电的技术手段,人造情境打造出了一个幻象的空间,人与物比现实中更清晰、更生动,在这样一个精心打造的空间里,情感更充沛,情绪更饱满,角色更容易融入情境之中。同时,角色之间、角色与他人的互动之中,对于既定情境添加随机的元素,不断地改变着真人秀节目情境的状态。因此,真人秀节目总是处在不断变化中,这些变化无法提前预测,也不能人为控制,只能引导、揣测,引发电视观众层出不穷的联想,来填补节目变化带来的不确定。

人造情境的精心设计,迎合了大众对于节目的期待心理,满足了大众的欲望空间,并成为现实时空的比照和映射。于是,观众在荧幕外观看,就像是在观看身边的一段故事,一个现实的情境。当观众相信了电视中的声、光、电打造出的是一个真实世界的投射,观众伴随画面展开想象与联想,并在思想与情感的互动中感受到了满足,就像是婴儿对着镜子动作,镜中映象的反应使婴儿开心、满足,并痴迷于这种互动关系。观众逐渐在节目中看到自己的投射,不断地投入自我的情感,把"幻象"当作"真实"。当电视观众根据真人秀情节推进,不断地在角色身上进行自我定位之时,镜像阶段的自我反省就变成了电视观众的自我认知,因此,对于角色的认同就等同于对于自我的认同,这让观众产生了强烈的愉悦感。这也是真人秀节目能够牢牢地吸引住观众的原因之一。

二、真人秀的情感与真实生活融合

真人秀节目中的情感体验与现实生活一致,情感的认同是真人秀节目成为现实生活映象的第二个特征。

镜像阶段理论中,婴儿在与"他者"的注视中进行情感互动,在幻想与联想中推动"自我"的成长。在真人秀节目的收视过程中,电视荧幕可看作观众的镜子,观众在电视荧幕中看见"他者",洞见映射后的现实世界。

电视真人秀是一种特殊的电视节目形态。作为一档电视节目,它是

---

① [苏]拉扎列夫等:《认识结构和科学革命》,湖南人民出版社1986年版,第24页。

在人造情境下，以特定规则驱动人物行动，激发人物情感，并记录真实人物的真实表现。真人秀是真实人物演绎的一个真实世界，尽管这"真实"是角色希望的"结果"。因此，角色无时无处不被设计，这恰恰与现实生活一致。生活中的大众，生活在"他者"的目光注视之中，一切的行为都受到"他者"目光的约束，"自我"正是"他者"注视下、规范中的"自我"。

为了谋求高收视率，真人秀节目的内容与制作迎合着电视大众的需求。大众想看什么？关心什么？需要什么？大众真正关心的是"自我"，那个被"他者"限定的、认可的"自我"，真正需要的是寻找"自我"。这也正是优秀的真人秀节目的评判标准，使电视大众在节目中洞见"自我"，也能够去评判"他者"。在"自我"与"他者"的互动中，引发想象、联想的思想空间，感知"自我"的成长与成熟。

"自我"是谁？"他者"又是谁？身在同一个时代中，哪里能够分得清楚"他者"眼中的"自我"与"自我"之中的"他者"？我们在《超级女声》里感受到"想唱就唱"的自由，伴随着"灰姑娘"站上那绚丽的舞台，与她们一起，经历了表达自我—努力拼搏—梦想成功的情感历程。我们伴随着《非诚勿扰》，观察着这个时代环境中青年男女之间的真情假意，分辨她们留灯、灭灯的理由，思考男生表达与表述的方法，孰是孰非？谁真谁假？在奇葩语言的表达背后隐藏着合情合理的故事，引发着更深层的社会学思考。伴随着《奔跑吧，兄弟》的游戏闯关，我们洞悉了明星身上的真情流露，看到在体力透支的疲惫中，角色做出的不同选择，品味着角色之间的不同表达带来的不同结果，我们在情感上与角色不离不弃，共同经历。在《赢在中国——蓝天碧水间》中，为了争夺最终的胜利，有人选择坚持初心，有人选择拉拢人心，有人竭尽全力不在意结果，有人急功近利失去理智，虽然是一个游戏，但发生的一幕幕情景与现实一样残酷，人心的诡异与现实一样不可揣测。看河南卫视真人秀节目《文学英雄》，蔡崇达一篇描写真实自己的短文《我的女神——姐姐》，"终于你第一次谈恋爱了，狠狠心花了十七块在那买了块粉饼，那晚涂抹着去约会，晚上回来，却发现脸肿得通红通红。我当时刚下晚自习，一回来看到你捂着脸呜呜地哭。我却笑得喘不过气，说，你怎么蠢得像猪，肿得像猪头。那是我这辈子最无法原谅自己的一句话。"简单的语言，一瞬间洞彻心灵。

真人秀节目展现给我们一个身边的世界，熟悉又陌生，热闹又安静，我们读着"他者"的故事，却是在品味"自我"的人生。从情感上，电视真人秀荧幕中的"你"与电视机前的"我"，本是同一个个体。

真人秀的元素与真实世界一致，真人秀的情感与真实生活融合，因此，真人秀是生活的映象。

同时，它又不是生活的映象。

舞台上的角色回到真实世界，聚光灯消失，卸下精心包装的形象，情境化的场景不在，角色回归生活，荧幕内外的同一个个体，却会展现出截然不同的言谈举止。在《非诚勿扰》的舞台上，24位女性围成半环，当男嘉宾出场之时，24道目光紧紧盯着男嘉宾的一举一动，放大着每一个小的瞬间，然后以灭灯的方式来宣告自己的评判，24盏灯的直观表现形式，让现场的男嘉宾成为被动的角色形象，这与现实生活形成反差。正是在这样的情境之下，生活中总是处于被动表达的女性，被情景带入了一个与生活不同的场域，在这个场域中，每一个现场的女嘉宾都在勇敢地表达自己的情感，或者说表演自己的情感。"宁愿坐在宝马车里哭，也不坐在自行车后座上笑"的许诺；说话无厘头、表情超萌、总是吞吞吐吐的王茜；举止优雅、家境优越的女神洛琦……女嘉宾们在舞台上你方唱罢我登台，敢于表演和善于表现，无不与这个精心打造的舞台情境有关。《爸爸去哪儿》中的父亲，在节目中第一次为女儿梳头，为儿子做饭，在录制节目的时间里，他们全身心地观察孩子，与孩子们互动、沟通，这些都与现实生活不同，是真人秀的特殊情境打造出了优于生活场景的亲子关系。

真人秀是生活的映象，又不仅仅是生活的映象，它是生活的极端状态，是被刻意放大、夸张、变形了的生活情境。现实生活中的表演被集中"秀"出，现实生活中的情感被浓缩在90分钟的时长里，它挤压出角色与生活常态不同的表演与表现，荧幕内外，是映象着的镜像世界。

第二节　真人秀是生活的镜像

电视真人秀节目不仅映现着真实的世界，更镜像出了真实世界中的自我，并通过镜像之我与真实的我沟通、互动，而他者则通过镜像与自我融合。

正如美国普林斯顿大学教授格尔达·帕格尔（Gerda Pagel）所言："生活在技术高度发达社会里的主体不断地寻求统一性和完整性，但还是战胜不了孤独和孤立，这种孤独是由极为不同的统一性存在所决定的。"[①] 在语言的主体范畴，每个人需要放弃自己的自恋才可能相互承认。相反，镜像阶段的认同如若固执于理想自我，主体将付出相当的代价，"'不属于这一地方的他者意义上'的'你'就再也没有了立足之地。"[②]

面对由大众媒体引领的视觉时代、图像时代的到来，大众对于传播媒介的依靠越来越强烈，从接受时间、接受形式、接受效果而言，电视荧幕成为传播媒介中对"自我"影响最深的媒介方式之一。电视真人秀节目作为电视节目形态的集大成者，已经超越了节目本身的意义。

电视荧幕具有镜像物理呈现的影响力，电视真人秀节目中真实人物的真情实感的感染力，越来越使电视观众相信"所见"即"真实"的概念，这个"真实"所影响和改变的"自我"，只是一个由媒介——电视荧幕本身所提供的虚拟的"镜像"，但"镜像"对大众的生活方式、审美趣味、表达习惯、价值取向甚至世界观都将产生不可估算的巨大影响，电视真人秀作为一种影响力巨大的具体节目形态，对电视大众的生活方式、生存状态都将产生革命性的改变。

美国传播学者梅尔文·德弗勒在其著作《大众传播理论》中指出，大众媒介通过有选择地提供信息，或突出某些问题，使观众体会到或知道什么是社会所赞同或认可的价值、信仰与行为规范，从而迫使受众根据公认的规范行事，采取社会规范所认可的行动。[③]

真人秀所打造的镜像世界，敏锐地捕捉到社会现实的热点，在放大、夸张、变形中引发大众关注，形象而深入地探讨着人性与社会生活的边界与意义。

一、剖析社会热点

中国电视真人秀节目从2003年被关注到今天，不过短短十多年时间，却在电视荧幕上掀起了变革的热浪，所有中国电视节目形态中，真人秀一

[①] 克里斯蒂安·麦茨：《想象的能指》[M]，（王志敏译），中国广播电视出版社2006年版。
[②] 帕格尔：《拉康》[M]，（李朝晖译），中国人民大学出版社2008年版。
[③] 许文郁：《解构影视幻境》[M]，中国社会科学出版社2004年版，第261页。

枝独秀，从播出时长、播出时段、播出效果等各方面，都远胜于其他节目类型，也因此，每一档现象级真人秀的播出，都引发了电视观众的追逐和相关话题的讨论。

一方面，大众所关心的现实生活中的各种内容，都能够在中国电视荧幕上找到对应的真人秀节目，情感类真人秀节目《非诚勿扰》使江苏卫视从二线卫视跃居兄弟卫视之首。亲子类节目《爸爸去哪儿》让初为人父母的'80后一代找到了共鸣，引发了广泛的话题关注。才艺类真人秀节目《中国好声音》《最美和声》刷新了观众对于明星诞生的观念，每一个普通的个体都有梦想实现的可能，这是一个每天发生奇迹的新时代。游戏类真人秀节目《奔跑吧，兄弟》，唤起了'70、'80后童年集体游戏的记忆，也迎合了'90后快乐生活的人生理想；另一方面，真人秀节目中真实的身份、真实的价值观、真实的情感认同、真实的行动线索等，与电视机前的观众处在同一个现实空间，无论内容、题材如何变换，都是现实生活空间的镜像显现，在不同角度展示现实生活，引发大众反思自己为人处世的观点、态度和立场。

以大型交友节目《非诚勿扰》为例：

这档节目的出现并非偶然。据统计，中国大龄单身男女数字在逐年增加。2007年，仅中国网民中单身群体人数已达到1183万，全国妇联首次将"剩女"界定为27岁以上的单身女性。2008年，《中国网民婚恋调查报告》显示，中国男女青年单身的主要原因是交际面的狭窄。正是在这一背景之下，"百合网""世纪佳缘"网站为代表的一批婚恋网站脱颖而出，迅速被大众所熟悉。婚恋类网站主要通过两种匹配方式来寻找有缘的男女：一种是通过用户主动设置的理想对象条件选项，以选项的重要程度来确定标准，进行数据匹配；第二种方式是以网站的测评系统为基础，对单身男女进行心理、性格、价值观、文化水平、经济实力、教育背景、成长环境等条件测试，然后推荐趋同或者互补的合适人选。

在中国单身男女人数持续增加的背景下，《非诚勿扰》的出现是偶然中的必然。2009年7月，江苏卫视节目制作人王刚召开13人的节目策划会，要求每一个人写出六个关注的社会热点问题，探讨一阶段的节目制作方向。在提交上来的选题单中，一系列社会问题浮出水面：'90后、房价、开心网、婚姻的背叛等等，有一个话题被13位全部提到，就是"剩男剩女"。就这样,《非诚勿扰》的主旨被确定下来。而在当时,兄弟电视台中已有多个婚恋交友类的速匹节目,比如重庆卫视《第一次心动》、湖南卫视《我们约会吧》、山东卫视《爱情来敲门》及浙江卫视的《爱情连连看》,但播出后一直不温不火。

"婚恋交友"这一全民关注的社会话题,为何不能够做出令人关注的节目?制片人王刚决定做一档真正的婚恋类真人秀节目,他希望通过节目规则设置一个冲突不断的真实情境,激化男女双方不断地交锋。王刚对于节目的形式有着清晰的设计:"我们只需通过搭建游戏规则来营造一个氛围,当一个真实的男女进入其中,只要他们真实地表达自己,就必然会矛盾重重。而观众最想看的也就是一个普通人进入到一个极端情境里的真实反应。"王刚反复强调《非诚勿扰》与一般的综艺类节目不同,"其他节目走的还是综艺类的老路子,玩玩游戏,聊聊天。《非诚勿扰》是真人秀。"[1]

正是基于这样的初衷,《非诚勿扰》的节目环节被搭建起来:

表 2.2

序号	环节	形式	效果
环节一	男嘉宾出场	男嘉宾选择一个方式出场,介绍自己叫什么名字,来自哪里,身高,年纪,系别,体重等	男嘉宾的举止行动泄露信息,角度不同,则答案有异
环节二	男嘉宾选择"心动女生"	男嘉宾接过主持人手中的iPad,直接选择心动女生	观察这一类型男嘉宾择偶标准
环节三	女嘉宾进行第一轮选择	选择是否留灯或灭灯,来表示对于男嘉宾的态度	探讨概念中"以貌取人"的判断标准
环节四	男嘉宾反问灭灯原因	主持人问女嘉宾为什么灭灯,选择一到两个女嘉宾提问,限时两分钟	男女嘉宾的针锋相对
环节五	播放男嘉宾的第一个VCR(介绍男嘉宾情况)	女嘉宾选择留灯或者灭灯	判断女嘉宾的性格和选择理由

---

[1] 石萌萌、刘雅静、杨胤:《中国电视进入相亲交友年会,欢迎来相亲真人秀》[J],(南都周刊,2010.4.27)。

续表

序号	环节	形式	效果
环节六	主持人根据情况提问男女嘉宾，激发话题	主要问关于婚姻观，价值观，爱情观，学习观等女嘉宾关心的问题	男女嘉宾表达自我，引发话题关注
环节七	播放男嘉宾第二个VCR	女嘉宾选择留灯或者灭灯	判断女嘉宾的性格和选择理由
环节八	主持人根据情况提问男女嘉宾，激发话题		男女嘉宾表达自我，引发话题关注
环节九	播放男嘉宾的第三个VCR（介绍男嘉宾情况）	女嘉宾选择留灯或者灭灯	判断女嘉宾的性格和选择理由
环节十	根据女嘉宾留灯情况来判断男女之间的互动方式	一盏灯，主持人就直接问男嘉宾的意愿；多于两盏灯，男嘉宾就要上前灭掉不喜欢的女嘉宾的留灯，剩下两盏灯，与心动女生一起，进行三对一的互动选择	男嘉宾可以看10个资料中的任意一个，以了解女嘉宾（婚恋史、消费观、家务能力、家庭背景、最不能忍受男生的缺点等等），再问一个最关心的问题，女嘉宾回答完后，进行选择
环节十一	资深评论员做此环节的小总结		成功原因和细节的分析

从《非诚勿扰》的节目环节中，我们可以罗列出一系列有关情感和人性探讨的社会话题：相貌的比重、性格的认同、自我表达的尺度、好男人的标准、好女人的标准、婚姻的态度、金钱与婚姻的关系、家务能力影响、门当户对的当下读解，等等。节目中将影响男女青年情感起伏的元素转化为一个个具体的问题和选择行为，这使观众和嘉宾在这些问题上展开了互动式的探讨，在真人秀打造的镜像思维模式中观察与反思。节目完美地诠释了制片人王刚的初衷，"极端情境里情感的真实反映"。

角色作为真人秀节目中观点的直接表达和冲突的行动者，节目组对于角色的选择十分重要。《非诚勿扰》的角色选择需满足两个基本条件：第一是要善表达、会表达、有观点。希望在舞台上表现自己，观点要明确、具体，观点越犀利，话题的讨论越激烈。第二就是角色的差异性要大，涵盖面要广，比如舞台上的24位女嘉宾，有年轻美貌女、泼辣女、中性女、离异女、博士女、花痴女，男嘉宾则有身家600万富二代，也有月入850元的工薪族，愿意为马诺抠下眼珠的痴情男……形形色色的人物，才能引发话题。只有在群体性的探讨中，在微缩版的社会角色碰撞中，才能呈现出当下中国男女青年婚恋观的真实侧影，甚至可以说，《非诚勿扰》是当下中国社会对于婚姻及爱情这一主题的社会学分析范本。

二、建立公共道德

公共道德，又称善良风俗，是指由社会全体成员所普遍认许、遵循的道德准则。[1]

在现实生活中，大众对于价值认同或人性道德底线、信仰和行为规范的探讨从来都没有停止过，它充斥在我们生活环境的多个角落。工作中，过多的加班是热爱工作还是对家庭不负责任？与人交往，距离远近如何掌握？丈夫有了外遇，是应该指责小三，埋怨丈夫，还是理智分析、好合好散？生活中遇到的这些关于价值观的思考，只能是小范围内的朋友沟通，很少有机会可以与众人一起思考、分析、探讨。

真人秀通过电视荧幕的公共播放空间，给予了大众一起观看、分享、谈论与思考的通道：它将生活中的普遍现象搬上荧幕，在荧幕中镜像出生活中的情感起伏、心理生发；它使得生活本身以及生活中的问题可以被公开围观，它允许观众对它公开质疑又公然评判；它为荧幕内外、荧幕之中的人们架起了辩论场，正方与反方都能够在辩论中更加了解自我，认识对方。

作为一档真正意义上的婚恋类真人秀节目，《非诚勿扰》并不是一场温情蜜意的男女相亲秀场，它更重视男女交往问题中的鲜明话题、两性关系的差异，以及与其相关的现实问题，包括金钱与爱情、房价与婚姻、家庭关系与成长环境对于两性关系的影响等，相比《我们约会吧》中撒娇、做作的小姐式卖弄，《非诚勿扰》则更善于把大众最为关注的现实与理想的婚姻的一系列深刻问题放大、夸张给大众看，它更像一幅婚恋关系的社会版漫画，透露着赤裸裸的真实，一步步探测着大众内心对于婚恋关系坚

---

[1] 李文阁:《谈谈"普世价值"》[J],（求是，2014.02.16）。

持或妥协的底限。不仅如此，婚恋是全民关注、具有普遍意义的大众话题，一个社会的婚恋观可以反映出社会中的诸多问题，比如：城乡差异、男女地位、职业高低、金钱观等。

2010年4月11日的《非诚勿扰》节目录制现场，家境优越的杭州男子沈勇和其母希望找到一位经济基础不错、非农村家庭的女孩，就因为这对母子列出的选择条件而引起了24位女嘉宾的集体不满，场上展开了关于城乡歧视、婚恋目的、农村现状等问题的激烈探讨。这一效果让节目主创团队也感觉十分意外。江苏卫视频道总监王培达分析说："婚恋包含的内容很多，必然会讲到房子，必然会讲到老人，必然会有价值观的碰撞。"①

明星全家上阵的真人秀节目《二胎时代》抓住了国家"二胎"政策出台后，社会问题的集中点，提出假设性问题：当二孩真的存在，老大会有怎样的反应？在实际生活中，这一问题无法真的预演，而在真人秀节目中，所有的假设都有呈现的空间，从而为观众的疑问提供大众讨论的平台。

节目挑选了四个家庭组合，潘长江家庭是三代人共处的家庭模式，夏克立一家是新时代的自由式教育代表，曹颖家庭演绎着严父慈母的家庭传统，杨威家庭有一个腼腆、不善言谈却内心敏感丰富的小男子汉。每一个参与节目的家庭，都迎来了一个意外的小客人，习惯了在家庭中成为中心的孩子，会如何与其他小朋友相处？面对各种状况，爸爸妈妈又如何应对？在吃饭、玩耍、睡觉等一系列家庭琐事中与父母互动，原本被爸爸妈妈共同关注的大孩不仅经历了被忽视的不适应、被比照的不舒服，也感受到了小朋友陪伴的快乐、与同龄人相互照顾的温暖。

节目不仅展现了明星如何与孩子相处，孩子们如何沟通，还会加入爷爷奶奶和父母两代人之间在教育观念、生活习惯等方面自然的碰撞，甚至父母在繁忙的生活中如何保鲜彼此感情等问题。根据中国式家庭的典型关系格局，设置不同角色的标签化人物。孩子之间、父母与孩子、父母之间、父母与祖辈、祖辈与孩子，至少四对的家庭人物关系是节目主体关系构成，依托这样真实存在的人物关系，观察他们在二胎到来的环境变化中，人物的反应、冲突和故事。

大众对于公共道德的探讨没有结果，随着时代的变化，秩序和习惯都

---

① 洪鸽：《浅谈江苏卫视〈非诚勿扰〉栏目的新特点》[J]，（南方都市报，2010.4.27）。

在随之调整,价值标准有变化,真人秀的出现,对于建立趋同、稳定、一致的公共道德标准,有着极积的推动作用。

第三节 真人秀映射"镜像自我"

拉康在"镜像阶段"理论中指出,婴儿第一次认识到镜子中的自我,从此一生就痴迷于自我的形象。这里的"自我",是由镜子映射出的"自我",是"他者"眼中的"自我",是一种虚构出来的"真实",而使婴儿痴迷其中的"自我"形象,则是人对"自我"的逐步了解、深入探究。拉康的镜像阶段从婴儿照镜子出发,将一切混淆了现实与想象的情景都称为"镜像体验"。从婴儿时期照镜子引发的"自我"意识的建立,到其他媒体及形式对于个体自我认同和自我建构的持续影响,这个镜像体验的过程贯穿主体的一生。这其中,也包括电视真人秀对"自我"的映射。电视真人秀节目给了电视观众一个空间,一个场景,能够让电视观众在这个场域中,通过不断深入地游戏或者选择,逐步清晰地映射出电视观众作为"他者",影响、建构的"镜像自我"。

在真人秀节目荧幕内外,有两个视角的思维逻辑,我们称之为"镜像思维"。

首先,当观众在荧幕前观看《非诚勿扰》,她(他)会把自我幻成舞台上24个不同的女嘉宾,不停地追问自我:你敢不敢那么直接?有没有那么勇敢?能不能那么无所顾忌?与她人的相处如何做到舒服又自然?应该选择甲还是乙?其次,与此同时,观众又从自我的反思中抽离出来,作为旁观者再次追问:女嘉宾为什么这么说话?为什么这么选择?有什么目的?是什么动机?她的"秀"是一种自然反应还是矫揉造作?观众于自我的反思与他者的追问中无穷尽地变换角色,照见自己的同时又去审视他人,这正是真人秀节目作为一种节目形态的艺术魅力,它造就了独特的镜像思维模式。

所谓真人秀镜像思维模式的"独特性",是在其与电视剧和纪录片的观影思维模式的比较中凸显的。

第一,电视真人秀节目这一独特的镜像思维模式与影视剧观影的思维不同。在影视剧的观看中，观众的情感投入是入戏，对现实的观照不直接、不真实，观众情感投入的程度与编剧、导演的艺术表达能力相关；观众在影视剧中的镜像观照，不是赤裸裸、无遮掩的真实剖析，而是一种理想自我的建立。

第二，电视真人秀节目所独有的镜像思维模式与纪录片不同，纪录片是一个个体完整的生活记录，是他者的人生展示，尽管也能在片刻的场景中看到自己的影子，但客观的存在总是在提示观众，其身份仍是他人生活的旁观者。

电视真人秀节目的节目形态创造了独特的镜像思维模式，观众在真人秀中作为自己观看自己，观看他人，又作为他人观看他人，观看自己，这是一个复杂而变化的动态思维链。荧幕内外都是真实，思维的两个向度是自我和他人；自我是他人标准中建立的自我，他人又是自我意识中的他人。

自我与他人，不过是内在的两个审视视角。

视角一：作为观众，在电视荧幕前，看荧幕内的角色，有两种身份的变换，一种身份是镜像自我与自我的比照：一方面是在照见"自我"的镜像，一方面是在试探"自我"角色的多面性；另一种身份则是作为观众，作为荧幕内角色视线下的他者，以他者的姿态去审视角色的一言一行，带着社会公共道德的杠杆，去品评角色言行的动机、目的、真伪。

视角二：作为角色，在荧幕内的情境化空间中，展现的每一个细节，都被摄像机全方位地"看着"，摄像机是一个无处不在的他者，这与常态化生活空间截然不同，舞台上没有隐私、没有遮掩，这迫使角色很快训练出不断以观众视角来"秀"自己的能力，习惯于在聚光灯的照射下以言语行动包装自己，在持续不断的录制中，将被观察变成自我存在的常态。

镜像思维就是以真人秀节目为介质，自我的映现与折射，在映象与镜像的相互融合中，既是反思又是旁观，自我成为一个可以审视与研究的独立所在。真人秀是生活的映象，又不仅仅是生活的映象，它使观众在映象中镜像到自我；真人秀是生活的镜像，也不仅仅是生活的镜像，它让角色在镜像中映射出生活中的"本心"。真人秀是映象中的镜像，是镜像中的映象，它不仅仅是拉康眼中的那面镜子，而且是用秀的形式完成自我与本心的贯通，最终完成真正意义上的自我的建立。

一、情境化空间展现人物面孔

电视真人秀节目中的拍摄环境是一个场，一个与现实生活相似却不同的场域，这个正是电视真人秀节目独特的"情境化"空间。电视真人秀节目用游戏规则和虚拟时空打造出一个虚幻的人造场景，它并不真正地存在于现实生活中，它更具戏剧性、更富想象力，它可以是一个灯光璀璨的梦幻舞台，也可以是一个极端的生存环境，它的外在表现似乎并不真实，而它刻意追求的，正是现实中的人的情感的真实、人物表达的真实。

电视真人秀节目人为营造的"情境化"空间，拍摄时常常将人物放置在与生活中大相径庭的环境中，设置问题和行动规则，由摄像机记录人物直接的自然反映。这里即有非常态的、角色陌生的自然环境，比如《爸爸去哪儿》中，将锦衣玉食、精致生活的明星父子放置在生活环境简陋的荒野陋室中，并尽量减少生活的方便性，限制生活条件，观察明星父子如何在陌生的环境中调整状态，对比他们的处理方式、情绪变化。《奔跑吧，兄弟》中，每一场游戏场景的选择都煞费苦心，明星们在首尔的菜市场，由于语言不通不得不手舞足蹈，与商贩老师比画讲价。《花儿与少年》中，平日被助理簇拥照顾的明星们独立相处，在连续不断的拍摄中，年逾不惑的许晴失去照顾，显得与大家格格不入，情绪几欲失控。《极限挑战》中，当王迅登上"蜘蛛人"的吊篮，在空中悬挂数小时一遍遍擦拭楼体外玻璃墙面，忍受饥饿和挑剔时，他的抗压力被逼到了顶点。当张艺兴数次被孙红雷戏弄，箱子重复被盗时，他表现出的无措和失望的情感张力比表演更加有力量。

真人秀中的"情境化"空间之所以能够背离生活的常态，甚至刻意寻求人物生活中的"陌生化处理"状态，正是为了衬托节目中的人物面孔，真人秀节目中的角色就是情境化场景中的生活典型。在《极限挑战》中，参与的明星在节目的拍摄中逐渐被大众标签化，黄磊成了"神算子"，孙红雷自称"颜王"，张艺兴很"呆萌"，黄渤被称为"国民坏叔叔"，王迅被公认为"抠门"。正是在典型情境中的行为、选择，被激发出来的真实情感、展现出来的真实性格，使这些人物的形象深入人心，并给了真人秀节目吸引观众持续关注的原动力。

从电视观众的角度来观察，角色作为现实世界中的一个个体，是复杂的、不确定的、模糊而多义的,这一复杂性与观众的观看心理直接相关,也与观众对于角色的读解相关联。观众如何解读一个角色,势必是在映射着观众"自我"的概念。在观看节目的过程中,观众运用想象、联想、分析、判断等一系列心理过程来解读角色,尝试着"读懂"(常常是"误读")角色,这一心理驱使或曰这一"误读"的过程,恰是角色自身心理活动的发生与发展的过程。

二、失控体验中明确内心选择

A.C·普希金曾经把戏剧作家的要求归结为一句话:"在假定情境中热情的真实和情感的逼真。"K.C·斯坦尼斯拉夫斯基则把它看作是对演员表演考查的标准。只是对于演员来说,情境是剧本中已经规定的,无法更改的,因此,斯坦尼斯拉夫斯基将它称作"规定情境":"我补充一句,我们的智慧所要求戏剧演员的,也完完全全是这个东西,所不同的是,对作家算作假定情境的,对于我们演员说来却已经是现成的——规定的情境了。让演员的注意力都转到'规定情境'上面去吧。真实地生活于这些情境之中,'热情的真实'就会自然而然地在你们心里产生。"① 而且,他认为演员所处的表演环境,塑造角度的"规定情境"是一个内容更加宽泛的概念。"这是剧本的情节,剧本的事实、事件和时代,剧情发生的时间和地点,生活环境,我们演员和导演对剧本的理解,自己对它所做的补充,动作设计,演出,美术设计的布景和服装,道具,照明,音响及其他在创作时演员要注意到的一切。"② 这里所提到的几乎是演员表演时需要顾及的所有要素。在表演中,演员必须充分了解"规定情境",并根据自己的生活体味来消化吸收,最终生成系统的动作和有意味的行动,向观众展现出"典型环境中的典型性格"。这里提出的"规定情境",就是要求演员将自己融入扮演的角色中,在表演中对情境要求的人物角色进行体验和表现。

按照斯坦尼斯拉夫斯基的标准,真人秀节目中人物的表现堪称完美的表演。在真人秀中,人物表演的正是自己,他们只需要进入规定情境,然后完全按照自己的判断标准来选择事情的发展变化,同时做出最真实的反

---

① 《斯坦尼斯拉夫斯基全集第二卷》[M],(林陵、史敏徒译),中国电影出版社,第72—74页。

② 毛洪生:《论表演艺术中的情境与心境》[J],[戏剧之家,2010(7):12—12]。

应,并将反应外化为人物的行动和语言。由于提前设定的情境是真人秀节目的规则,对于选手意义重大,情境设计得是否有效,就在于能否激发出选手的热情和忘我的表现,好的情境设计甚至可以逼迫出选手"失控"的状态,还原出一个比生活中的表象人物更加真实、更加立体的人物。甚至在特殊的情境化环境下,角色的直觉反应会使他自己难以置信,有时候,角色本人都无法面对被激发出来的"另一个自己",为什么它与生活中真实的自己有如此大的差异?在《花儿与少年》录制中,许晴濒临崩溃,哭着肯求现场导演停止录制,愿意任何代价退出节目拍摄,承担一切损失,其原因正是在真人秀节目中,在由自然环境和人际交往环境打造的情境化拍摄空间中,她无法承受外界压力和突发状况,更无法面对逐渐显现出来的真实的自己。同样是面对失控,真人秀节目的特性决定了参与者行为的不可复制,也因此而彰显出即时反应的观赏价值。

2015年《我是歌手》总决赛万众瞩目,但是,登上各大媒体头条的却不是比赛结果,而是孙楠突然宣布退赛后,主持人汪涵的镇定应对,在网络上引起极大的关注与赞誉。"……我从二十一岁进去到湖南广电,所以我觉得我自己身上的很多优点和缺点似乎都打下了湖南广电的很多烙印。包括所谓没事别找事儿,事儿来了也不要怕事儿……我虽然不同意楠哥的一些观点但是我誓死捍卫您说话的权利……其实,每一位歌手来到这个舞台,他都有权利选择我来或者不来,当然,您自然也有权利认为您是对的,时刻依着自己认为对的那个心情来做出离开的这个决定。所以,我相信我们应该尊重一个成熟男人在这一刻做出的决定。当然,我们在这里要提出一个希望和请求,就是希望您以一个观众的身份继续坐在这个地方来看您最爱的弟弟妹妹们向歌王的舞台进军。我也相信我们现场的五百位大众评审已经做好了用掌声来接纳这位不期而至的观众。不信,您听。(掌声)……"这段汪涵的现场控场主持像病毒一样迅速传播,也激发了热烈的网络互动。细品汪涵所说的内容并无特别之处,只是在那一刻的情境化空间中,激发出来的即时反应,给予了观众更深一层了解汪涵,他作为优秀主持人的职业素养。

汪涵在现场失控的状态下,将自己的本心以主持的方式推到了观众面前,那一刻,汪涵的精神高度集中,思维异常活跃,在直播的高压下,他面对的情况是一次毫无预期的考核,在失控中,尊重自己内心的选择,勇敢地表达出本心，是无奈，也是必然。正是在这样极端的条件下，才能逼迫出一个原生态的自己，一个最真实的本心。同为主持人的朱丹和李艾，在真人秀的观看中并没有将自己置身事外，她都被节目的情境定义所感染，将自己换作汪涵的位置，感同身受，感慨万千。

主持人朱丹发微信："因为拍戏，错过了直播，直到现在才回顾视频却依然阻挡不了心脏的剧烈跳动。说真的，直播主持人迷恋的就是这份突发这份心跳，害怕的也是如此这般的大事。可我的涵哥做到了从容镇定而顾全大局，那不是主持人的功力，是主持人的底气。底气足才能镇定发声。哥，真棒！"

主持人李艾回应："各类选秀节目开始，主持人似乎边缘化，好像串串节目，读读广告而已。谢谢涵哥给大家一个那么好的示范，主持人就是主人，没事的时候不用显山露水，有事了，就得站出来，安人心定乾坤！……"

对此，社会学家托马斯认为："如果人们把某种情境定义为真实的，那么这种情境就会造成真实的影响。"这就是著名的"托马斯定理"。托马斯认为，一个人对于情境的主观解释会直接影响他的行为。在任何自觉行为之前，总有一个审视和考虑的阶段，我们可以称之为情境定义。一套支配人们行为、调节个人愿望的道德法规是通过连续的情境定义才建立起来的。情境定义的概念使人们在环境刺激与行为反应之间，有一个人类行为特有的解释、选择、判断等主观心理活动。这也就是为什么托马斯强调，"知道人们实际上怎样想要比知道他们所想的内容在客观知识意义上的真伪更重要"。[①]

三、沉浸化叙事促使情绪升级

上海文广新闻传媒集团综艺部总监田明介绍真人秀节目形态时指出，"大众用真实的生活语言、真实的生活情态进入节目当中，节目具有极其巨大的生命力。"[②]

以《非诚勿扰》为例，2010年3月，收视率达2.82%，超越中国内地

---

① 参见百度百科词条"托马斯定理"。
② 张之涵：《真人秀节目的时代发展》[J]，（网络营销能力秀，2015：5.12）。

周末节目收视纪录，成为冠军；4月，又创下3.76%的收视新高；5月，又以4.23%再次刷新综艺节目的收视纪录，也是自2005年以来中国省级卫视电视节目收视率的最高峰值；6月，根据索福瑞34城市全国平均收视率显示，《非诚勿扰》周六、周日两档节目分别以4.4%、4.53%的收视率连续12周夺得全国卫视周收视总冠军。

作为中国电视荧幕的一档真人秀节目，《非诚勿扰》的收视表现并非偶然。电视大众对于真人秀节目的关注热情在《超级女声》后，持续的升温，中国电视真人秀节目的收视纪录在不断被刷新：《中国好声音》第三季首播达到2.21%，总决赛飙到5.16%；《爸爸去哪儿》播出当晚全国网收视率1.1%，收视份额7.67，当天晚上近4000万人收看了这档节目；第一季收视率冲到5%；《奔跑吧，兄弟》从首播1.12%的收视率开始，关注度不断上升，收视率破5%，连续多次收视排名全国第一，节目中"撕名牌"等游戏设置被小学生们争相模仿玩耍，影响面巨大。

当大众被层出不穷的真人秀节目包裹，我们参与节目展现自己，我们观看节目与之互动，我们在荧屏内外以不同的媒介渠道与电视真人秀共生，真人秀节目的成长与大众对于现实社会的认知息息相关。

一期真人秀节目时长为90分钟，这是一部电影的长度。与传统综艺节目中主持人串场，不停变换舞台角色的形式不同，电视真人秀节目的角色是基本固定的几个成员，从一期90分钟节目，到一季13期节目，电视观众都是与这几位固定的成员持续互动，通过角色的行动和选择，不断强化电视观众的认同感，并促发观众思想、联想、想象，激活观众的思维空间，从情感上带入观众，又在理性上与观众保持思维的同步。电视荧幕这道客观上存在的屏障，在电视观众沉浸在节目收视时，渐渐地失去了与之有形的屏障，情景外的观众与情景内的角色在一段时间内共同生活、共同思考，经历磨难共同应对，遇到选择共同分析决断，荧幕内外人物的时空距离被打破，心理距离在缩小。

与此同时，真人秀节目中角色的真实情感反射出荧幕外电视观众的心理空间，节目中角色的一举一动、一言一行，都对电视观众产生感染：角色笑，观众笑；角色哭，观众哭；角色生气发怒，观众拍案而起；角色喜极而泣，观众情不自禁。观众情感和思想的"投入"，使得观众能够与角色一起完成节目，并通过荧幕中关注的角色反射到自我，影响到自我，同时也在分析、判断自我。"自我并不是由陈述为话语的'我'来完成,而是作为它的意义的换喻来完成。"[1]

几乎每个人都能回忆起2005年自己和《超级女声》的独特记忆。那年夏天,上了瘾一样每天蹲守着比赛的进程,第一次对一个草根女孩倾注全部热情,在电视机前慎重投票,好像自己能够决定舞台上那一群人的未来。有媒体说,当时中国人对于选秀节目的热情和投入,可以与美国总统大选相提并论。

电视真人秀节目是一个魔镜,它把"现实"表演给电视大众看,它在情境化的空间中秀出了许多鲜明的面孔,在精心打造的拟态环境中逼迫出一个失控的状况,用选择描化出面孔的本心,又在环环相扣的叙事逻辑中,让观众沉浸其中,他人与自我融为一体。电视观众在电视真人秀中看到了常态社会中隐藏着的"现实影像",而在电视荧幕的镜像映射下,这电视荧幕中的"现实"使电视观众更具有反思的力量。

拉康说,"他人"的目光也是婴儿认识"自我"的一面镜子,"他人"不断地向"自我"发出约束信号。在他人的目光中,婴儿将镜像内化成为"自我"。[2]在电视真人秀节目营造的拟态人际交往环境中,电视观众在镜像体验中,更加多元、深入地"看到了自我"。

---

[1] 南野:《拉康之镜像阶段理论与其提供的视觉涵义》[J],[美育学刊,2012(2)]。
[2] 张一兵:《不可能的存在之真:拉康哲学印象》[M],商务印书馆。

第三章　镜像空间中的内容建构

历史唯物主义告诉我们，在环境中，实践着的人是确定性与不确定性的统一。

电视真人秀节目是对外部真实世界的折射，它通过选择特定场景典型人物的真实故事，呈现生活的"剖面"，形成一种艺术真实对生活真实的观照。

电视真人秀节目的内容是真实世界的"投影"，通过真人秀演员在荧屏上的模仿与生活再现，为电视观众提供了沟通与情感表达的渠道和空间，赋予了电视观众映射"自我"、定位自我角色的心理建构空间，也通过真人秀节目表演者的真实身份与表演角色的"间离化"艺术处理，实现了电视观众对表演者身份的多重认同与审美欣赏。本章将从真人秀的"秀"与电视观众的"看"构筑的多元"镜像空间"出发，着重探讨镜像空间的内容建构。

电视真人秀节目与传统电视节目形态的本质差异，在于电视真人秀节目是确定性与不确定性的辩证统一。假设真人秀中的一切元素都是确定的，人物、性格、对白、情节、线索、结果，那么它成了影视剧，是对于现实生活的虚构和再现，往往视听感官的享受提升了，镜像思维的精神享受却弱化了，直观的镜像观照变成了间接的镜像映射；反之，若真人秀的所有元素都是不确定的，无主题、无规则、无目的、无设计、无界限，就好像把摄像机架在了车水马龙的大街上，内容很多却没有指向，是一部生活的流水账似的纪录片，它真实、丰富却没有重点，也没有了前题和结论。

电视真人秀节目是纪录片、影视剧与传统综艺节目的集合，它融合了三种节目形态的优点，也形成了自己独特的艺术形态。它的节目形态是确定的，节目的表达是不确定的；节目元素是确定的，元素的表现是不确定的；节目的声音与画面是确定的客观存在，其传达的意义是模糊、不确定的；参与的角色是确定的，角色的反应是不确定的；节目的录制是确定的，录制的情境是不确定的；节目的播出是确定的，其意义的解读是不确定的。

电视真人秀节目中确定性与不确定性的矛盾，决定了节目情节的偶然性与必然性的统一、节目内容的现象性与本质性的统一、节目认知的准确性与模糊性的统一、节目读解的现实性与可能性的统一。

人，是电视真人秀节目表达与表现的主体。节目既是真人表演的"秀"，也是以"秀"的方式来描写人。人是节目的核心，电视真人秀节目揭露出人与自然、人与社会、人与自己的关系。

电视真人秀节目中的"人"，存在于荧幕的内外，参与节目的角色和观看节目的观众，双方是熟悉的"陌生人"。[①] 荧幕内的角色与荧幕外的观众，构成了电视真人秀节目主观上的不确定性。节目规则、叙事结构、时空关系，组成了电视真人秀节目客观上的不确定性。

确定性的存在，有实体本质，确定性的过程，有具体规律；不定性的存在，无实体本质，不定性的过程，无具体规律。

电视真人秀节目真实、具体，同时又模糊、多义的特征，决定了节目内容的建构是确定性与不确定性的辩证统一，对于电视真人秀节目内容的研究，也是对于节目确定性的过程与规律和不确定性的随机与发生的探析，我们希望能够从确定性的内容制作过程和具体规则出发，去发现电视真人秀不确定性的存在。

真人秀节目内容的设计有四个方面的共性：角色预设、节目规则、叙事结构和时空关系。正是这四个方面控制着真人秀节目的具体面貌、样态，最终呈现的效果，并在确定性的恒量与不确定性的变量的相互作用下，在矛盾的张力呈现中体现出人类的生存困境。

本章将从以下四个方面探讨电视真人秀节目"镜像空间"的内容建构：

---

① 社会学教授齐格蒙特·鲍曼（Zygmunt Bauman）在"陌生人"理论中，指出陌生的核心就是生存的不确定性，"陌生人"是个体差异集中体现的形象，充满了矛盾性和不确定性。

（1）中国电视真人秀的动态叙事结构。
（2）中国电视真人秀的角色与功能。
（3）中国电视真人秀的规则与任务。
（4）中国电视真人秀的时空与情境。

第一节　中国电视真人秀的动态叙事结构

角色、节目规则与时空关系，组合成了真人秀节目中独特的叙事结构。真人秀是纪录片、影视剧与传统综艺节目的综合体，却在叙事结构上摒弃了这三种节目形态中的弊端，它既没有纪录片里原生态的琐碎生活带来的节奏拖沓、平铺直叙，也没有影视剧中夸张、放大的戏剧冲突给予的抽离感，更迥异于传统综艺节目中按照规则、毫无变化的僵硬与突兀。真人秀这一独特的形态本身，就给予了它的叙事结构最大限度的变化，这变化带来意外的冲突、不断的惊喜、开放的结局、戏中有戏的回味等，这正是纪录片、影视剧与传统综艺节目三种类型中叙事元素的碰撞与融合，从而形成了一种动态的叙事结构模式。

一、恒量与变量对立统一

俄国民俗学家普洛普（Proopp）的著作《故事形态学》是他一生中的理论高点，它直接影响着叙事学的诞生，被公认为是叙事学的发轫之作。普洛普也被尊为现代叙事理论的鼻祖。普洛普认为故事中最重要的基本单位不是人物和主题，而是人物在故事中的"功能"。他开创性地打破了传统童话分类方法——按照人物和主题进行分类，并由着这一理论基点，从100多个俄国民间故事中分析出了31种类型，建立了故事形态学的框架。而其中的理论依据，正是源于结构主义语言学二元对立的研究方法。[1]

20世纪初瑞士语言学家索绪尔创立了结构主义语言学，它将语言学看作一个完整的系统，区分了语言与言语、共时与历时、组合与聚合等二元对立关系，并通过这些对立关系来描述语言。

---

[1] 弗拉基米尔·雅科夫列维奇·普罗普：《故事形态学》。

正是按照结构主义语言学的研究方法，普洛普将研究对象故事本身看成一个完整的系统，并借助"恒量"与"变量"两个二元对立的元素，对应故事中的"角色"与"功能"，确定了功能的序列性，进一步提炼出了故事的通用形态。普罗普的结构功能说引发了叙事作品分析方法的革命，开创了结构主义文论的先河。欧美学界将结构主义语言学的分析模式运用到其他领域的做法是受到了普罗普故事形态学理论的启发。20世纪90年代以后，普洛普的理论得到我国民俗学专家学者们的重视和应用，推动了国内学术的发展。①

本文中对于真人秀叙事结构部分的研究，拟以结构主义语言学的二元对立关系为基点，结合普洛普的故事"功能"理论，将真人秀这一特殊的节目形态解构为"恒量"与"变量"之间二元统一的关系，恒量包含"角色""规则"与"情境"，并由此对应出三个变量"功能""任务"与"时空"。

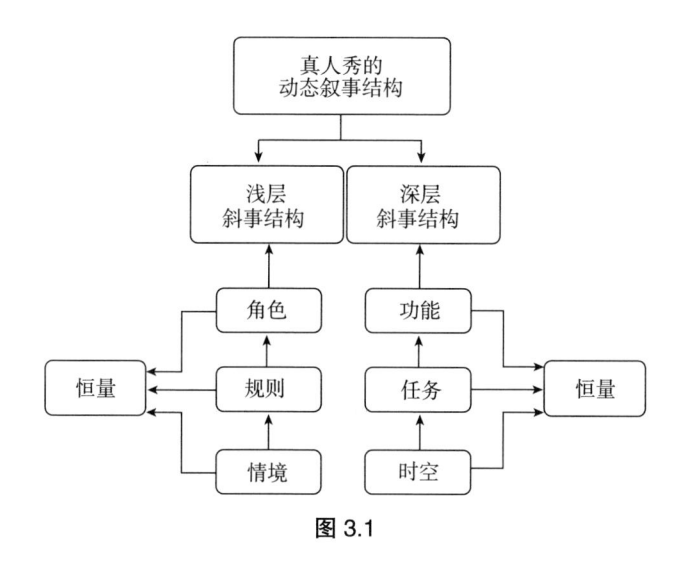

图 3.1

---

① 王影:《论普罗普的故事理论：故事形态和历史根源》[J],（解放军外国语学院学报，2011年1月25日）。

二、恒量决定内容三元素

恒量，显而易见，就是恒定不变，所有真人秀节目中固有的元素，包括角色、规则与情境。角色、规则与情境可以称之为真人秀节目内容三元素。三元素的明确限定，划定了真人秀节目与纪录片、影视剧与传统综艺节目相互区别的界限。

其一，真人秀中的角色，不是影视剧中的演员、剧本中的假定人物，也不是纪录片中不被打扰、自然呈现的原生态自然人，真人秀中的角色是现实世界中真实的自然人，他要求选手以真实的身份出现，同时，他由规则和情境挤压出角色的真情实感、喜怒哀乐。真人秀在最短的时间、封闭的空间内最大化地表现了一个自然人真实的内心。

其二，真人秀节目的规则。规则不是剧本，并不限定台词和行动线，但是规则给出行动的目标、方向、条件，规则设置行动的障碍，同时又提供行动的动力，规则打破自然人封闭的个人空间，逼迫角色之间建立联系，同时又破坏联系，使角色亦敌亦友，复杂而多变。规则提供了一个节目行走的起点和终点，却把最曲折的过程交给角色自己设计。由此，它与纪录片有了明确的区分，真人秀使角色的展示更丰富，同时比纪录片对角色的揭示更加真实、直观。

其三，真人秀节目的情境。情境类不同与影视剧中的场景，场景要带观众入戏，配合演员的表演，场景更多的是物化呈现。真人秀节目的情境，是指"情"与"境"的结合，在节目拍摄中，任何一个空间场景内，一定时间范围内，人与物、人与人等所有情况的融合表达，都是情境。场景空间内的所有元素都是变化的、流动的，因此，真人秀的情境有明显的不稳定性、不可预见性、不可控性与随机性，这都促使真人秀的情境复杂而多变。正是真人秀所特有的对于角色、规则与情境的设定，使得真人秀节目被赋予了独特的审美意味。

三、动态叙事结构的建立

真人秀节目按照不同的评价标准，会概括出不同的类型划分。按照角色的身份标准，真人秀可分为明星类和素人类；按照规则的不同，真人秀可分为竞技类和展示类；按照情境设置的空间不同，真人秀可分为室内空间和户外空间。本章按照真人秀节目的叙事结构，即角色、规则与情境三元素，将目前出现的真人秀节目大致分为五种类型：（1）竞技类，以《极限挑战》《奔跑吧，兄弟》《偶像来了》等为代表，主要是以非专业技能的、游戏化的比赛为主要表现形式；（2）才艺秀，以《超级女声》《中国好声音》《笑傲江湖》《女神的新衣》等为代表，此类型节目重在为才艺出众者提供表演的舞台，展示他们出众的才华；（3）情感秀，包括以《爸爸去哪儿》为代表的亲子情感类，和以《非诚勿扰》为代表的两性情感类，情感类真人秀以情感的表达与交融为线索，突出展现爱情、友情与亲情所联系的悲欢离合；（4）益智秀，以《最强大脑》《成语英雄》《一站到底》为代表，这类真人秀节目重在智力的比拼，展现普通人身上的聪明、智慧；（5）交换秀，包括生活环境交换的《二胎时代》，以及选手身份被交换的《变形计》《花儿与少年》，现实生活中被标签在选手身上的种种特征，改变后带来的外在与内在的全新蜕变。

  节目规则、情境作为独立的符号，在策划、剪辑与制作节目时，已经将符号的意义融入其中，而大众对于符号的读解，之所以见仁见智、各有不同，正因为这解释的过程又融合了大众自身作为符号的意义，于是，角色—规则—情境在真人秀节目被解读的过程中，组合成了真人秀节目的文化意义。解读真人秀节目的过程，也正是真人秀节目中各个符号发挥作用，相互演进，彼此碰撞，不断产生新的符号，从情感符号到逻辑符号，从逻辑符号到理性符号，不断循环往复的过程，而大众接收的过程，也是读解符号的过程。因此，我们尝试将真人秀节目中的恒量与变量作为单独的符号，进行描述、比照与分析，并尝试寻找出真人秀节目在叙事结构上的逻辑关系，从而推断出其生成和发展的内在规律。

表 3.1

元素		竞技秀	才艺秀	情感秀	益智秀	交换秀
	节目类型					
	类型代表节目	《奔跑吧，兄弟》	《超级女声》	《非诚勿扰》	《汉字英雄》	《二胎时代》
恒量	角色	七位明星核心成员+一位明星来宾，七位核心成员一男六女，几乎都是人气较高的影视明星，性格差异化明显	平民女孩，外表出众，毫无舞台经验，是不丰富，是"灰姑娘"的现实版本	24位未婚女性+1位主持人+2位导师，参与者从20到30为核心	10~12位全国各地识字最多的青少年+3位文化名人担任评委+1名知名电视人担当主持	只有一个孩子的明星家庭，涉及娱乐、体育等不同行业，跨越大陆、台湾、香港三个地区
	规则	角色与嘉宾各个任务地点进行执行任务，经过一系列的任务提示或权力，在多个小任务及追逐战中，一个主要是追逐战，比拼胜负	海选—复赛—晋级赛—复赛—PK赛—复活赛	24位单身女生以亮灯和灭灯方式来决定报名男嘉宾的去留	游戏规则为车轮战请汉字	通过跟拍宝贝入住后明星家庭的家庭变化，记录明星家庭在面对突然多出来的二宝时的反应与表现，真实的展现不同家庭对于抚养二胎的态度
	情境	节目全程外景拍摄，并在场景中彰显出"中国特色"，根据中国特色文化，又根据拍摄各地之间的差异化特征地取材，突出当地特色融入节目之中	从简陋的室内拍摄到华丽璀璨的梦幻梦台，节目整体都是在室内拍摄	舞台设置男女嘉宾对面交流，亮灯灭灯代表情感态度的直观展示	布局排列不同的十三宫字阵，答题者从第一宫格出发，答题正确向前进，回答错误向左或向右平移一格，移出十三宫即失去游戏资格，从头人口对面最后一宫对面冲关成功	明星家庭空间

续表

元素	节目类型	竞技秀	才艺秀	情感秀	益智秀	交换秀
	类型代表节目	《奔跑吧，兄弟》	《超级女声》	《非诚勿扰》	《汉字英雄》	《二胎时代》
	功能	在游戏中展露出当代年轻人的特质：有缺点但不遮掩，真诚但积极不妥协，认真较劲自信满满，为年轻人代言，树立健康、积极、努力、拼搏的正能量形象	比赛进程是个人的蜕变，从内在气质、唱功到外在形象，超越自我，完成梦想	24位女嘉宾是现实生活中不同类型女生的镜像缩影，2位导师是"他者"的视角展现，主持人是普世价值观的把握		跟拍宝贝人住后明星家庭发生变化，记录明星家庭面对突然多出来的二宝时的反应与表现，真实地展现不同家庭对于抚养二胎的态度
变量	任务	"十人九足"、"盲人足球"、"撕名牌游戏"等	通过20进10、10进7、7进5、5进3等不同形式进行淘汰PK	经过"爱之初体验""爱之再判断""爱之终决""男生权利"等规则来决定男女嘉宾的速配结果	1.参赛人员共计24人，分为4组，每个组有6人，一到六号，抽号决定比赛进行顺序；2.比赛开始，按照选号人：每组能够1号先上，2至6号以此类推，1号落败，2号顶上，哪个组能够坚持到最后为赢者；3.每个人时间为30秒	原本是家庭中唯一关注点的小孩，与陌生小朋友之间发生的一食任行为的系列活动
	时空	节目经常在现实场景中装扮过去或未来时空，现代人古装穿梭，或者转换身份让现代人扮演未来使者	从粗糙的舞台空间一步步变幻为华丽的梦幻空间	小片切入生活实态，舞台打造出绚烂的理想空间，在对话中彰显现实与理想的差距	通过小片切入现实空间，透过十三宫进行游戏空间	明星家庭空间被转化为家长在一起的空间，与小朋友在一起的空间，小朋友独自的自我空间

---构建容内的中间空像镜 镜二第

055

图表中以叙事结构为标准对真人秀节目做出的五种分类,这里以图表形式来展示恒量与变量在不同的真人秀节目类型中所发挥的作用和价值,并借助元素之间的比对与分析,总结出不同类型节目之间的差异化特征。

真人秀节目是将具有相同元素的任务分配给不同的角色,以节目规则和情境设计催发角色行动,完成角色功能,并最终传达出时代的主流价值观与文化理想。

由上面图表可以看出,真人秀节目中的每一个元素作为一个独立的单元是如何发挥作用,从而形成一个完整的叙事逻辑框架结构的,继而,本文尝试总结出真人秀节目叙事结构中的构成要素,即七个故事动因,包括:(1)为主人公设计一个无法独立完成的任务;(2)为任务的完成设置一系列的障碍,如,完成任务的条件被去除,设置"不可能完成"的任务,需要完成一系列的小任务才能抵达;(3)小障碍的解决会引发大障碍的出现;(4)主人公需要得到同伴或者外来的帮助;(5)主人公与同伴间展开竞争或者产生矛盾;(6)主人公被否定或者被误会;(7)主人公即将放弃任务之时出现新的转机;(8)问题或矛盾被解决,并开始新的任务。

普罗普在他的《故事形态学》中,曾经阐述过这一问题,在对故事中不变因素和可变因素的对比研究中,普罗普发现:"变换的是角色的名称(以及他们的物品),不变的是他们的行动或功能。"由此,他得出了这一结论:"故事常常将相同的行动分派给不同的人物,这就使我们有可能根据角色的功能来研究故事。"[①]

第二节　中国电视真人秀的角色与功能

中国电视真人秀节目的生产机制与"角色"和"功能"两个重要元素相关,角色与功能牵涉到衡量与变量的组合方式。概括地说,真人秀节目是由作为恒量的"角色"和作为变量的"功能"组合产生的一种节目形态。

真人秀节目中的角色的选择与安排,与真人秀节目内容与节目定位

---

① 伏飞雄:《利科与普罗普》[J],[符号与传媒,2011年]。

直接相关，也是节目策划的核心要素。正因为此，不同的真人秀节目，它们之中的"角色"身上都被赋予了不同的功能，不同的文化背景、社会身份、性别差异、性格特征、生长环境等等，给予了角色不同的变化，这些变化都是角色的功能差异的原因，是角色被选择的前提，角色不同，功能不同，带给观众的联想、想象、判断等审美心理就会千差万别。

普洛普从俄罗斯民间故事中总结出了7个具有功能特点的"剧中人物"，包括叛徒、赠予者、帮助者、被寻找者、委派者、主人公和假主人公等。

苏里奥在他的《二十万个戏剧情景》中也提出了6个戏剧功能：狮子座（定向主题代表）、太阳（所追求的利益和定向价值的代表）、地球（利益的潜在获得者）、火星（反对者）、天秤座（利益的仲裁者和分配者）和月亮（援救和加强上述任一种力量）。

在普洛普和苏里奥的角色分类理论基础之上，结构主义叙事学的代表人物、英国社会学教授格雷马斯，在其1966年出版的第一部语义学著作《结构语义学》中，建立了"六个动元"的叙事框架。他将每一个艺术作品都看作一个完整的系统，提出结构模式和语义方阵等理论，试图揭示出角色的作用和叙事结构的内在动因。"六个动元"并不仅仅满足于普洛普和苏里奥对于一个微观域中的角色分类研究，而是更进一步地寻找到角色之间可能存在的关系。

在格雷马斯的理论体系中，文本中出现的所有角色归结为六种：主角、对象、支配者、承受者、助手、对头。这六种角色可以注解为：（1）主角，也是主要人物，主角总是被给予一个目标或者任务，由始至终都致力于完成；（2）对象，就是主角在追逐的目的；（3）支配者，某一个具体的角色，或者某一种支配主角行动的抽象力量；（4）承受者，得到对象的人；（5）助手，在主角追求对象的过程中起到推动作用；（6）对头，阻碍主角追求或者阻止任务的完成。

在"行动素模式"中，格雷马斯以二元对立为原则，区分出3组角色（主体和客体、发送者和接受者、助手和敌人），并总结出3种叙事模式（契约型组合、完成型组合和离合型组合）。之后，格雷马斯又结合结构语义学和叙事功能理论，发明了关于深层概念模式的"符号方阵"：四个方位分别代表结构发展的四个不同阶段，它们之间的关系可按照形式逻辑的对立、矛盾、包涵等关系来解释。①

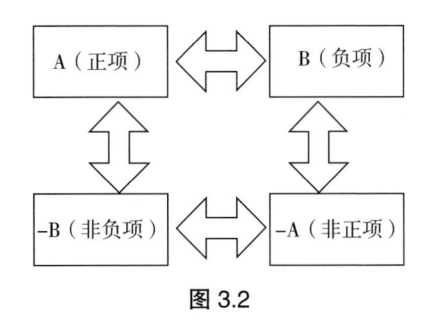

```
   A（正项） ⇔ B（负项）
      ⇕           ⇕
  -B（非负项） ⇔ -A（非正项）
```

图 3.2

由图中可以看出，格雷马斯的符号方阵是动态流动的，他将图中二元对立的元素转变成互为动因的否定互动。按照杰姆逊的说法，就是"让每一个项产生起逻辑否定，或'矛盾'"，从而"开拓出真正的辩证否定的空间"。换句话说，这个方阵可显示一个不断借否定进行构造的、无法封闭的过程：只要叙述向前推进，就必须保持开放的态势。这样，结构封闭的格雷马斯方阵就成为"全否定"性的符号方阵。②

这一理论在真人秀节目身上可以完整地显现。真人秀节目中的角色，作为主体是选手，作为客体是自然人；真人秀中的角色同时是信息的发送者和接受者，同时，它也是任务完成过程中的助手和敌人。对象不同，角度不同，时机不同，情境不同，其角色身份就会千变万化，角色相互之间互为因果，并推动叙事结构出现复杂、多样的动态，这也正是真人秀这一节目类型的独特魅力。

一、角色界定

1. 角色术语

角色，在中国古代称为"脚色"，是一个与表演无关的概念。在宋代，尤其官场中，"脚色"是一个应用广泛的词汇。范仲淹的尺牍《与韩魏公》中有："其子得殿侍左班……曾申脚色状，今上呈，如有指示安排处，乞留意。"文中提及的"脚色状"，就是现代所说的"简历"，是宋代人仕途中的重要依据，现代人介绍自己的标准文本。"脚"是指所走过的道路，经

---

① 参见百度百科词条"叙事学"。
② 赵毅衡:《广义叙述学》[M]，四川大学出版社 2013 年版。

历;"色"即是种类、类别。"脚色"就是一个人的身份、背景和立场。

"脚色"出现在中国戏曲中,是一件自然而然的事情。戏曲将演员所扮演的人物称为"脚色"。清代李斗的《扬州画舫录》记载:"梨园以副末开场,为领班,副末以下,老生、正生……谓之男脚色;老旦、正旦……谓之女脚色。""脚"与"角"在古代并不同音,但用法上并不分明,写法上常常出现混乱。直到 19 世纪末,上海《申报》对戏曲的报道仍采用"脚色"一词,而 1907 年 8 月 22 日的《申报》出现了"李春来慎重角色",此后《申报》的报道多采用"角色"一词。渐渐地,"角色"逐渐替代了"脚色",成为更通行、更标准的写法。

在西方国家,角色一词同样源于戏剧。自 1934 年米德(G.H.Mead)首先运用角色的概念来说明个体在社会舞台上的身份及戏剧中的人物以后,角色的概念被广泛应用于社会学与心理学的研究中。

2. 角色概念

中国人有一个传统的儿童游戏一直流传至今——"过家家",在台湾称作"过家家酒",是一个二岁儿童不自觉间开始的模仿游戏,在游戏中扮演布娃娃的爸爸妈妈,仿照大人的样子,给他喂奶、洗澡、看病,与邻居家的小朋友一起,通过日常对大人们的观察,自言自语地编出一个小场景,惟妙惟肖地扮演大人的样子。儿童对于扮演角色的兴趣十分强烈,男孩子们喜欢扮演警察,最常玩的游戏是"警察抓小偷""玩打仗"等,游戏煅炼了孩子们的观察、模仿能力,提升了他们学习的兴趣。儿童的角色游戏是个人社会化的重要手段之一。

古希腊哲学家柏拉图在《会饮》篇中解释美的出现时,认为人的美感产生于童年时代对第一个美的形体的回忆,以及这种回忆的扩大、联想、贯通。[1] 儿童对于角色的痴迷正源自角色本身散发出的美感。女孩子最乐意扮演的第一个角色,大都是自己妈妈的形象,妈妈也是孩童眼中力与美最完美的结合体。男孩子略微长大了些,最崇拜的人物就是警察,警察代表的是高大的形象、英雄的气质,这也是警察抓小偷游戏的心理驱动力。

通过观察与模仿角色来提高自身的能力,这一点并不限于儿童,在成人的世界中,角色模仿游戏也是无处不在。社会规范了我们的职业身份,

---

[1] 余秋雨:《观众审美心理》[M],中国出版集团现代出版社,第 24 页。

我们学习如何做老师、做医生、做演员、做农民；婚姻缔造了我们的家庭身份，我们学习如何做妈妈、做爸爸、做孩子；年龄约定了我们的生活状态，我们学习做年轻人、做中年人、做老年人。角色扮演贯穿了我们的一生，从孩童到成年。在社会生活中，个体常常扮演着多种角色，其身份在不同的角色间转化，是一个复杂的角色扮演体，是一个角色丛。比如妈妈的角色，既指承担妈妈的责任和义务，也指妈妈的行为方式，同时也富含着儿女对妈妈的期待。社会学对角色的定义是"与社会地位相一致的社会限度的特征和期望的集合体"。

人的一生，都是在扮演不同的角色，也终生都在学习各种角色的最佳处理技巧，以便实现最恰如其分的角色展示。

1959年，美国著名社会学家尔文·戈夫曼（Erving Goffman）在其最具代表性的著作《日常生活中的自我表现》中，提出了"拟据论"的概念。戈夫曼认为，社会和人生是一个大舞台，社会成员作为这个大舞台上的表演者都十分关心自己如何在众多的观众（即参与互动的他人）面前塑造能被人接受的形象。拟剧论研究的是人们运用哪些技巧在别人的心目中创造印象，戈夫曼将人们运用各种技巧和方法左右他人，以在他人那里建立良好印象的过程称为"印象管理"。印象管理不仅包括用自己的行为去直接影响对方，也包括建造自己表演的舞台布景。

余秋雨先生在《观众审美心理》中直接提出人的心理活动是世上种种学问最真实的动力源，并指出，人与人之间的心理活动有共性，并确认这种共性的稳定性。角色作为一个社会学、心理学和艺术学的重要概念，在真人秀节目制作中，角色的运用使得三种学科得到了很好的融合。

真人秀节目中的角色，与影视剧不同，他本身就是一个多维度的个体。在真人秀节目中，角色既在表现自己，又在表演自己。由于没有预设台词与规定情节，角色对于自己的表现是一种本能的反应：角色的每一句语言表达，都是心之所想；每一个动作展示，都是自然反应；每一个情绪变化，都是情之所至。真实的自己在语言、动作与情绪的变化中生动展现。所以说，真人秀节目中的角色是参与节目个体的真实表现，而同时，角色也是在表演。真人秀毕竟是一档电视节目，尽管它是一种最特殊的电视节目形式，但它的一切情节毕竟还是在摄像机的监控下发生、发展的。依据社会学"拟剧论"的观点，社会生活是一个大舞台，个体有意无意间总在采用"泛化他人"的观点，对自己的行为进行控制。大众所期待的有表演的欲望和需求，在真人秀节目中得到了最大限度的满足和释放。角色从参与节目开始，就无法控制表演的本能，人们希望在摄像机前展现出来的那个"自己"，是一个主观的、理想化的自己，这个"理想化的自己"是"泛化他人"的一个具象结果。角色在"泛化他人"的心理驱动下，又无时无处不在表演。表现是一种人格化的本能，表演是理想化的展现，在表现与表演之间，观众不仅看到了角色本人，也看到了自己。

真人秀节目的形式为观众提供了一个身临其境的范式。观众观看真人秀节目的意义不仅仅是对于电视节目的被动接受，它已经成为观众生活的一部分，可以将其看作读解个体行为的一个符号。那些参与节目的选手，作为节目中的一个角色，在节目中表演、表现，与其他角色既共处又冲突，他们成为观众观察、参照、研究与评论的亲密对象。真人秀节目是对传统电视节目的一个颠覆，它使得观众在观看者与表演者的双重身份之间不自觉地转换、徘徊。

可以说，角色的选择和塑造，是真人秀节目成功与否的关键所在。

二、角色功能

1. 串联故事，引发行动

没有角色，就没有情节，没有故事，没有情绪，没有冲突，没有行动线。真人秀节目中的角色就像是小说中的人物，是节目中故事发生与发展最重要的推动力。与小说中的人物本质不同的是，真人秀中的角色身份是真实的，观众对角色有预判和期待。真实的角色身份并不代表角色所有的展现都是真相。

真人秀节目中，角色一出现，他的一举一动就全在镜头的关注之中。每一个角色，都会根据自己参与节目的初衷，而表现出行为的差异性。他们的一言一行，一颦一笑，坚强或者脆弱，选择或者放弃，其行为背后都有隐藏的动机。摄像机只能展现出表象，无法判断真相，真相是什么？角色的价值标准是什么？他为什么会参与节目？他怎样扮演设计中的自己？他在生活中和屏幕中的差别是什么？他是一个正直的人吗，还是他正在扮演一个正直的人？他的脆弱从哪里泄露了？在他的内心深处隐藏着什么？他强壮直率还是柔弱多虑？他慷慨大方还是自私自利？他待人诚恳还是深谙人际？他是傻人天助还是精于算计？他受人爱戴还是遭人排挤？他为什么成为了现在的样子？他经历了什么样的故事？大众在真人秀的画面与声音中，寻找着答案，同时，也在反思着自己。

人性有多复杂，真人秀节目就可以做得多好看。没有人愿意无缘无故地说谎，没有人愿意承担无名无分的责任。事出有因，人类的共性，使得大众能够依照同理心推断角色的选择，判断其选择的合理性、合规性、合情性，并对于角色本身有更深入的了解，继而引发更多期待。

《偶像来了》节目第一集，女神们出场，就设置得悬念迭起。在一个空无一人的大厅内，摆了放了两排桌椅。一排标示：人气位，另一排标示：气人位。主持人化作空中怪异的声音指挥，摄像机隐秘地等待着。人气偶像是谁？偶像进入场景内会有何行动？十二位女性明星，终于渐次入席。每一位进入大厅，如何选择座位？看到其他女星，如何表演自己？三个女人一台戏，十二个女人的初次相遇，戏份可以想象。宁静一入场，显然霸气十足，冷眼观看，不屑一顾。谢娜入场遭遇尴尬提问："谢娜，你是不是来错了，你是偶像吗？"谢娜回答："我不是偶像，我是'来了'。"众人大笑，谢娜的性格鲜明生动展现出来。林青霞的出场似乎象征了一个时代的屏幕记忆，无须刻意多说什么，感情就已经充盈，众人喜极而泣。杨钰莹评价林青霞："姐姐就像是画上的人，就应该在画里待着，突然飘了下来，多么不真实。"一句话，点出了林青霞的江湖地位，同时，也露出了自身的伶俐聪慧。这就是真人秀节目中角色的作用。无须任何调度，只需要一个空的场景，戏自然地发生，超乎期待。观众只需守在屏幕前，观察着每一位角色的语言，或者品她们给自己写的台词，看她们的应对、反应，看她们如何处理冷场，如何给自己解围，如何相处关系，既要对待她人，又要建立自己。当导演组再出难题，由观众投票选出最受欢迎女演员，来确定偶像座位的名单时，靠人气生活的明星们自然压力十足，尤其是最后评选出来的几位女星，紧张之情溢于言表。

《偶像来了》最后一集中，角色的作用可谓发挥到了极致。《偶像来了》大结局篇，角色安排如下：

    主持人：何炅汪涵，亦敌亦友，双重身份。
    选手：十二位偶像，性格鲜明，定位清晰。

林青霞，复出的经典女神；杨钰莹，甜歌皇后青春记忆；朱茵，知性熟女；宁静，真心话直白女王；蔡少芬，港普女王笑点制造机；谢娜，搞笑担当快乐使者；赵丽颖，暑期霸屏人气王；张含韵，酸甜女生初长成；娜扎，仙侠女神；欧阳娜娜，酒窝少女。

　　嘉宾：赖声川，话剧界的传奇人物，提高游戏级别，强化选手表演状态，提高舞台最终展现品质。

　　从这集一开始，任务出现，角色的情绪就截然不同了。汪涵团队领到的任务是演出经典话剧《暗恋桃花源》的高潮片段，何炅团队则是演出《宝岛一村》片段。从未演过话剧的汪涵毫无压力，跃跃欲试，老戏骨林青霞三十年后再次出演云之凡，自然激动不已。而何炅则对于要出演的这段话剧没有信心，团队成员的各种安慰也无法使他情绪放松，何炅展现出少有的紧张、不安，甚至要求停止游戏。角色之间由于任务不同而隐藏的矛盾第一次出现。打破僵局的方法，是新的角色进入。

　　话剧界泰斗赖声川的出现打破了现场略尴尬的紧张氛围。现场一片欢呼，众人被激励，重新回到积极准备任务的情境中。每个角色开始进入状态。在此集中，角色因为特殊的情境安排，展现出复杂的身份：第一角色身份是明星，大众熟悉的名人；第二角色身份是真人秀节目参与者，发布任务的实施者；第三角色身份，是话剧舞台上要展现的人物形象。这三重角色身份，使得角色呈现出生动而复杂的人物面貌，既在表演自己又在扮演人物，人物与自己本身的反差，舞台上的期待与最终呈现，前一部话剧《宝岛一村》古灵精怪的演绎带来欢乐一片，《暗恋桃花源》经典片段引起的情感回忆，使得台前幕后的选手们都激动落泪。

　　在这一集中，你看不出刻意的情绪营造，一切都伴随着角色的状态自然的进行，紧张、不安、释放、欢笑、激动、哭泣，拥抱时候的真情流露，是那一刻最真心的告白，正如片尾何炅所说："太像是一次心灵之旅，里面有太多的感动。"角色只有忽略了自己原初的设计，才能够做到全身心的融入，也才会呈现出一个生动、立体、真实的自己，而这个呈现的过程，是一次角色对于自我的释放和改变。十二期节目，三个月的时间，角色打破原来的自己，在经历、在成长。这种温暖和美好正是人内心共性的欢喜。也正是这成长的力量，崭新的角色诠释，感染了观众，使之产生一种莫大的审美愉悦。

2. 角色变量，制造悬念

真人秀节目与传统电视节目的最大不同，就是角色变量的存在。变量引发变化，变化引起大众猜测，这也正是真人秀节目互动性突出的原因之一。

真人秀节目中的行动，既在情理之中，又在意料之外。情理之中，是因为一部分行动线索是导演的预设行为，意料之外则指更多的部分是角色的随机应变，自我选择。选择的标准、依据，就是角色自身的背景、性格、身份和他对自我的期待标准，这些随机的行为不仅增加了节目的可视性，也从另一个角度拓宽了观众思考的空间维度。在观众观看电视节目的过程中，节目中出现的变量很多，大大激发了大众参与的能动性和其头脑的敏锐度。看到了什么，看到了多少，与观众自身对于角色的认知有直接关系。

真人秀中的角色变量有：（1）大众对于角色本身所持有的各种特征的推测、判断，即对于角色的公共期待视域，包括角色的社会身份、性格特征、性别特征、文化背景、表达方式等；（2）角色对于自我身份与形象的期待，会导致他的直接行为选择、语言表达；（3）角色之间碰撞、角色情绪引发的，超出角色理性预估的表演范畴，即角色的非理性表现，直接反应；（4）角色在录制真人秀节目过程中，由于节目的走向而发生的各种变化，包括角色在社会中的认知度、工作性质、财富多寡等，甚至会激发出角色性格中的更多面，呈现一个与之前不同的角色个体，是社会因素对于个体身份影响程度的全程记录，也是引发观众心理变化的因素。

在角色变量考量方面，《非诚勿扰》节目给我们提供了一个很好的实例。24位女嘉宾与6位男嘉宾要在短短的十几分钟内，彼此了解，形成关注，每一分钟都在产生变化。从男嘉宾出场开始，镜头全景展现，出场的每一个动作，自我介绍的方式，表情是否坦荡自然，举止是否大方得体，都是现场挑剔的女嘉宾们和电视机前的观众衡量的依据，并不科学，但是直接。第二个动作，接过平板电脑选择最喜欢的女嘉宾是一个标准动作，同时也是引发猜测的一个变量。选择的速度快慢、观察女嘉宾认真或敷衍、选择结果的动机和目的，这些变量所引发的悬念会在节目中一层层剥开。变量导致的第一个直接结果，就是女嘉宾一言不发的第一轮灭灯。仅仅通过第一印象⋯⋯的理由听起来莫名其妙，细品却又合情⋯⋯要生动许多。"我自己是圆脸，所以无⋯⋯意女嘉宾比你高吗？""男嘉宾，我本⋯⋯孩不是近似盲人了吗？""男嘉宾的鞋子不搭裤子，裤子不搭上衣，上衣不搭发型，所以，你也和我不搭。"这些莫名其妙的理由不正是反映了当下大众对于婚姻的普遍认知标准吗？精妙生动的语言是角色个人性情的最佳展现方式，生活中的对白远比最优秀的编剧想象得更有戏。

在影视作品中，情节的转变是依靠编剧提前的铺垫，而真人秀节目中的情节转化常常是一瞬间突然发生的。当黄涵提问自称能够快速洞察美丑的男嘉宾乐嘉时——"你经常见，你觉得他丑在哪里？"，这个问题本身就引发了下一个情节的发生。面对男嘉宾的提问，"你愿意和我骑自行车逛街吗？"，马诺一句"我还是坐在宝马车里哭吧"引发了大范围的观众关于爱情价值观的探讨，马诺也自此被标签为"拜金女"。

提问与回答之间，男嘉宾个人的修养多少、情商高下、机智幽默与否，观者就能够进一步的判断，当然，判断的结果是根据每一个个体的标准而定的。由于判断标准不同，当问题出现时，就会各执一词。不同的角色代表了某一类观众的态度。针对男嘉宾不能接受前一任女朋友挣钱养家而选择分手的故事，黄涵认为不过是虎落平阳，不能够为了挽回男人的面子而牺牲爱情；乐嘉则说每个人针对同一问题可以有不同的观点，能够理解作为男人无法经济独立内心难以承受的压力；孟非的观点则代表着社会道德的标准：虽然同意黄涵的观点，但实际提出自己的想法，"整个社会对男性和女性在家庭与社会中的评估体系是否能够改变？如果评估体系不改变，男人很难维系自己脆弱的自尊心"。如果说，黄涵的观点展现了女性的柔暖与包容，乐嘉的观点代表着男性视角下的几分无奈，那么孟非的总结则站在了更高的视角，指出了社会道德标准下的合情却不合理之处。正是这样多重多维多面的视角展现，引发了电视机前观众多元的思考，不去批判任何一方的观点，视角越多样，节目的层级越高，节目的内涵越深，节目对于问题的讨论也越全面，越有意义。

《非诚勿扰》作为一档语言类的真人秀节目，其角色的对白展现精彩美妙，堪称对白课程的典范。很多选手的评价都可称得上社会风貌的切面图，犀利又讽刺，一语击中观众的情感，被广为传播，甚至引发一场社会价值标准的评判之争。之所以角色的对白是多变的，是因为生活中真实的人都是复杂的。大众观察角色的每一句对白，以为已经了解了他，然后，另一句对白的出现又使这了解发生了变化。正是角色语言表达中变量之间激发的多重反应，使得《非诚勿扰》将一档普通的相亲节目演绎成了一场社会风貌的演进史。正如威廉·福克纳指出的，人性是唯一不会过时的主题。

3. 角色行动，制造冲突

角色究竟是一个怎样的人？他为什么做出这样那样的选择？他的心理动机是什么？他的成长背景起了什么作用？他变了吗？他是世俗标准中的好人吗？我们会比他更善良还是更自私？他表达了真实的自己吗？他是在表演吗？伴随着真人秀节目的播出，对于角色本身真伪、善恶的讨论就无法停止。人性的复杂使得人本身成为永恒的讨论主题。绝大部分观众并不真的了解自己，即便了解自我的一部分，往往也无法诚实地坦白地描述出来。为了了解自我，我们观察他人，并通过对照与反思，更进一进地了解自己。角色作为大众探讨、评判、对照的人物标准，其复杂程度可以洞见，而恰恰是这复杂性本身，使观众对于角色的解读过程充满乐趣，这也是使得真人秀节目全球迅速蔓延的原因之一。

"人物真相只能通过两难选择来表现。这个人在压力之下选择的行动，会表明他到底是一个什么样的人——压力愈大，选择愈能深刻而真实地揭示其性格真相。"[1] 这正是角色行动的价值内核。角色的行动代表了他的选择，而选择本身就是态度，在高压下两难中的选择，可以洞见角色的真性情，或者说，逼迫出角色内在真实的欲望，并通过行动外化出来。

一档好的真人秀节目，在节目的流畅叙述中，角色的性格能够得到充分的展现，其想法能够被揭示，其面对选择时的矛盾心态能够被捕捉，并在角色的最终行动中被充分地表达，在极限的环境中激发行动。观众则通过角色行动去反推角色心理，继而对于角色有更进一步的认识，并在一次又一次的行动中一点点接近真实的角色，将真实的角色心理与其角色语言的表达相对照，从而对角色产生亲近或者厌恶，完成对于角色完整的读解过程。

---

[1] ［美］罗伯特·麦基：《故事》[M]，（周铁东译），天津人民出版社，第441页。

4. 角色扮演，发现自己

俄国著名小说家、戏剧家安东·契诃夫说："我所学到的有关人性的一切都是从我自己这儿学来的。"角色就是人物，人物就是自知，真人秀是角色照见自我的一面镜子。

真人秀节目中的角色是谁？是《非诚勿扰》中咄咄逼人的恨嫁女？是《女神来了》中光鲜亮丽的女明星？是《花儿与少年》中崩溃哭泣的脆弱女艺人？这个问题无法直接回答。人性本身的复杂，使得节目中的角色充满了各种可能。面对镜头，谁也无法赤裸相见，而无所不在的摄像机，又让扮演角色变得异常艰难。再高超的编剧，也无法编写自己的人生大戏。在扮演自己的过程中，角色往往难以抗拒随机的情绪、情感的牵引，扮演的成分在节目的推进中逐步转换为角色的真情实感。优秀的真人秀节目，可以让角色在节目录制中看到真实的自己，并感染电视机前的观众，从这个角度来讲，所有的人都是一个人。

真人秀节目中，角色是自己的编剧。在参与节目之前，也许会对自我的形象展现有设计、有掩饰、希望塑造一个理想的自己。而真的置身其中，被摄像机无孔不入地包围，24小时地记录一举一动，突如其来的状况不断发生，说话、行动，判断与选择都只能瞬间反应，在比生活更集中、更极端的情境下，透过真人秀的镜像空间，角色在扮演自己的过程中，由节目中展现出来的镜像自己与现实中的自己形成比照，在比照中发现了更丰富的自己，甚至可以塑造出一个陌生的、全新的自己。

2015年播出的户外真人秀节目《极限挑战》，从节目的命名就可预见节目的定位。在生理与心理的极限环境设置中，激发出本真的个体选择，看到一个真实的个体心理变化。这一档节目的成功并非偶然。《极限挑战》中一共有六位男明星作为选手，分别是：黄渤、孙红雷、黄磊、王迅、罗志祥、张艺兴，并每期增加一位临时选手参与游戏。这些明星都具备专业的表演功底，如何能够激发出明星们的本真性情，让他们在摄像机前忘我地、非职业地表现，是考察一档真人秀节目是否成功的标准之一。于是，我们才能够看到银幕上硬汉形象的孙红雷如何在节目中变成了"呆萌小童"，儒雅温和的黄磊在生活中如何智慧过人，偶像小生张艺兴如何在一次次的"被骗"中成长蜕变，痞子形象的黄渤如何显现内心的温暖。诱发角色行动的动机往往并不是单一的，是一系列复杂思考之后的综合选择。

这也正是吸引大众去品味、琢磨，甚至换位思考、不停地假设的地方，在否定之否定中，得到肯定的答案。

"释放天性的节目超出了我的预期"，在第一季录制结束后，孙红雷作为参与节目的角色之一描述了自己的心理变化过程，"从害怕、惶恐到愤怒，觉得自己根本不应该参加这种节目，但过来了之后有一种成就感，释放天性的节奏超出了自己的预期。我自己都害怕了，怕观众看到原来我是这样的人。我不知道什么是逗比。我生活中很坏、很调皮，无厘头到极点，反正编导说，'红雷我没想到你这么综艺，比综艺咖还综艺咖'"。作为演员的孙红雷在荧幕上一直塑造着硬汉形象，他以《像雾像雨又像风》中的黑帮人物阿莱被观众认知，又以《潜伏》中的地下共产党员余则成家喻户晓，但参加真人秀节目《极限挑战》，观众对于孙红雷的认知脱离了影视剧中的荧幕形象，被评价为"呆萌""不守规则""头脑简单"等，"有人提醒我真人秀节目是双刃剑。我觉得没事啊，演一个角色也不是所有人喜欢，但只要有一部分观众支持，没给大家带来负能量就OK。"面对真实的自我表现带给观众的反差，孙红雷逐渐地适应与接受，真人秀中的孙红雷是生活中真实人物的一个侧面，身为演员的角色们身上本真一面的自然流露，给了观众惊喜，激发了大家的好奇心，使观众有机会从不同的侧面了解熟悉的面孔，从而产生一种心理的愉悦感与满足感。

真人秀节目与生俱来的特性之一，就是观众观看电视时，其互动、参与的功能被最大化实现了。20世纪初，互联网开始在中国大地上迅速蔓延，互联网的出现使得信息的流动顺畅无阻，甚至，今天的人们已经被海量的信息包裹得不能呼吸，信息的泛滥、获取信息的便捷，反倒使人们对于信息的思考越来越有限，思考时间变短，思考空间变窄。人们不缺乏信息，欠缺的正是看待问题的角度和深度，在社交媒体平台，微信完美地实现了大众的需求，而电视屏幕上，真人秀节目的形式无可替代，它恰恰展示了不同的思考方式，呈现了一个立体的社会思维空间，一个镜像思维空间。

思维就是在表象基础上的分析、判断和推理等心理活动的过程，真人秀塑造的镜像思维空间，对于电视观众来说，是把生活的细节、生动的例子、生活中合理不合情或合情却不合理的现象等夸张、放大，深入地剖析给观众看，让观众在荧幕的镜像映射下观照到生活的现实，反思生活，或者跳出既定的思维模式，从他人的角色去观察生活，启发思考、拓展认知。

5. 角色符号，生活典型

在真人秀塑造的镜像空间中，角色是个体的表达，也是时代符号的代表。

以《超级女声》为例，《超级女声》的舞台体现了这个时代年轻人对于梦想的诠释，想唱就唱，唱得响亮，她们为有梦想的年轻人代言、发声，目标一致，方式不同；《非诚勿扰》中24个女嘉宾位置变换的角色，是时代女性对于两性情感的直接表达，或传统、或现代、或叛逆、或不屑，她们站在一起是一幅群像，分看观察则是生活的特例；《赢在蓝天碧水间》将生活中12位明星企业家请上舞台，在一个公开透明的空间中比拼实力，展示他们的智慧、情怀、格局和心性，在不服输的心理驱动下，在企业形象塑造的潜在心理激发下，游戏变成了无硝烟的战场，在镜像空间的映射下，企业家们的行为成为生活中商业实战的案例；《职来职往》通过18位来自各行各业的"职场达人"，考察不同选手的求职情况，让求职者看清自我的不足与优势，展示出现代企业的用人标准；《奔跑吧，兄弟》中，以游戏的方式探讨了个体的差异，思维方式的不同引发的过程与结果的对比。

角色作为符号，既代表具体人物，又透过具体人物指代了一类人物。因此，角色是生活中的典型形象、典型性格、典型身份组合成的典型个体，是生活典型的代表。

美国著名的思想家皮尔斯，也是美国第一位实验心理学家、数量经济学家、符号学领域的创造者、剧作家、演员与书评家，被誉为"美国历史上最多才的学者"。他所创造的适用于一切事物的符号学，甚至取代了索绪尔的语言符号学，带人们走出了"能指"与"所指"的概念规范。皮尔斯说："正由于解释会变成一种符号，所以可能需要一种补充性的解释，它和已经扩充过的符号一起，构成更大的符号；按照这个方式进行下去，我们将会，或者说应当会最终触及符号本身。"[1]

角色符号的本体是人，是有思想、有情感，处于不变和变化中的有完全意识的生命个体，因此，以语言符号学的能指与所指来诠释，并不准确。对于角色的解读，也就是皮尔斯提出的补充性解释，它的出发点是大

---

[1] Charles Sanders Peirce. Collected Papers [M]. Cambridge Mass: Harvard University Press, 1931-1958, Vol. 2.

众读解的视角，以电视观众个体的特征为基础，掺杂了电视观众的情感、道德、判断、偏好、思维等元素，融合成了一个更为复杂的符号，随着节目情节的持续推进，角色的不断深入，角色的多维丰富展现，电视观众与角色符号之间的互动越来越紧密，对于角色的补充性解释越来越复杂，它本身与观众对于其他角色符号的补充性解释联系在一起，不断地交叉，不断地深入，不断地繁衍，那么，这个最后的"符号本身"是什么呢？艾柯认为，这个"最终符号实际上不是符号，而是通过结构来混合、衔接并联系起来的整体语意场"。

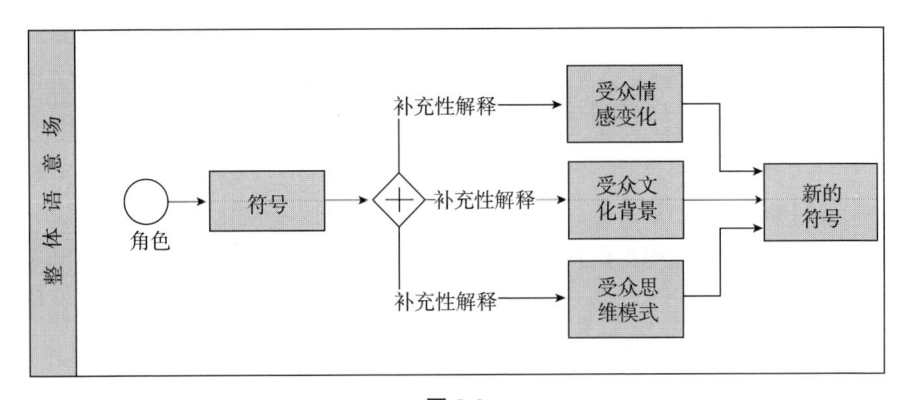

图 3.3

这个由角色符号无限演变的整体语意场，最终呈现出来的，是真人秀节目内容定位涉及的文化语意场，不同的真人秀节目涵盖了不同的文化语意场，它们无限衍义，最后可能延及整个文化。

第三节　中国电视真人秀的规则与任务

中国电视真人秀节目内容建构的另一组重要组合是"规则"与"任务"。规则可以宽泛地称作游戏规则，这在我们的生活中司空见惯。就像经济学的主要创立者亚当·斯密把整个人类社会系统看作一个大的游戏系统，世界上的政治、经济、文化活动也常常被视作一个个游戏活动，也都有其运行的规则。游戏作为一个大的视域中的基本现象，游戏规则就是世界上所有事物各自有序运行的基本保障。从这个视角出发，可以说，规则经验到自然界和社会万事万物的美的影响。人类文明起源之初，人类的主要生产活动是其所从事的狩猎采集和采集活动，他们靠以采集植物、采集猎物为生，正是由于他们在狩猎采集并直接接触到自然界中其他种类的植物和动物等。人民在生活和劳动实践中，逐渐地创造和发现了美。"人所特有的反映形式也反映在他们自己的创造物上。""使用于他们自身有的外的自然并改造它时，就同时也改变他自身的自然。""通过劳动实现自身的目的的同时也改造客观对象，将其改造为有意义、满足审美的形式。"人对现实的审美关系既根源于人所从事的实践活动的影响，也是由其实践时所提供的物质条件决定的，而如其其要排满原始生活的中的种种情感需要和他们交流和抗争。"物化的心灵，跳出心手。"人们所感知的自然已经不是存在于山水之间，也融入其意识情况之间了人们对有精致的图案的陶罐，而是由其他时候出现，与人们的意识情况紧密联系在一起的"意""美"和其自身的和谐形式，又由于人类并且有作为有生命的自然界中的一种美的规定性其他之行为之动，这样等其他美化对人类不但具有神奇的巨大的美感召。看来万物有灵，这不是世界所着称，其天天美都精美，有天文历法使对于美的感情下，等了了对自然物的刻生存在的方式，且由精神文明的，中国古代人民都通过精美绵绣的装饰着重复的人的回答和审美的精神文化。"威""力"、"功""也"：力"、二者形成力的形象化。""力"、"功"也使人的知识，但是先美来源范对具有它真挚的感悟，那普对于具体看束表具的精致日益长大了"。""心"、"力"、"水"，由因它对于被感觉到着生与感情对喻的等等。情之精彩而统起，正是天地。"人民就湘是其他变化为心感人的与前家的等等。""一些发到天上天。""的气目日暇，北风凛凛吹落落等等。""从一动一净看有人，"千辛万苦"。"日重觉的美力为抒情人情意趣，正是在其精神的精粹其他中，所以精神相较其了其情感，正是因人人回来，就常不能，一瞬间的回眸的光正是我们与探索之间从生的美的发动。一方面是否能被提起，别看那精其的构成记入意目一跳，如听其话，另一方面则是我和平的情感推选过了某某它。

既然从其美发发动以其社会情态，那就是在所有推选下引发的一种内在的主张，人们也将用其他推选来的对人类为生的生动力，到意识识出有美的持续的光，从世界发现。人类主要的存在世界，其创造了不但记载满益的电脑件都为是——其人变。

第四节　中国电视真人秀的时空与情境

中国电视真人秀节目所建构的三组关系是："情境"与"时空"。

根据真人秀节目所定位的时间与空间、情境分类与内容、参与者情境的人物关系，其情境所呈现的关系差异千变万化。一个十八岁、因恶与朋友吵架、首都与地方城镇、苦涩自责的、可视的、可以解读的多种情境中的某种，一段从过去延伸下的可以幻化成未来视觉所回忆的，与历史相对抗的引入的与反思的引发的一段记忆，可以提出"情境"、打造出"样态"，可以赋予工业生产者，时间与空间、有其复杂的内涵与艺术意义，让真人秀节目需要的每一个发酵可供发酵，并通过文化传承系。

一、自然环境时空

在西方美学史上，英国的罗德斯将，杜博斯和谢国的父克力曾都

073

2. 规划通动角色，专心投入

其人参者一种"势"，势一成事可以任作一个维度，这也可以较松地把人参者卷入互动关系。如何能够把观众有效地卷入？

但如何能让观众卷入，如何能够把观众真正地卷入的主动者？

按照"涉身观看"的概念，从叙事观众的引中引发出来，提出了如何通向的涉身卷入式的主动性，并提出。涉入与卷入连系某种的涉身卷入观者完全是一致的。从叙者图景卷入的角色。只有从文本理解了涉入观众的涉身卷入观者，但并不能保证卷入的能否完成无碍。使观众在图景其情中被卷入，涉及了所有的涉身卷入观者，涉入及必要超越性地规范地进行一系列的主动方向的明确、思考、推断、回味等等，观众接受不了这些看似被动的观众，如果以为他的观察其被涉身卷入式观看很轻松不费力，则将拥抱拒绝被卷入。[①]

那么，观众对于其人参者的涉身卷入观者是什么？如何能够让他们积极地投入？首先被引领来不自觉沉浸之又经过沉涌，所以观视觉其人参？观众如视觉其人参，并且他是一一场身心亲密之关的互动观看。然后，没有参与就没有爱入，因此，其人参者目的观看与多参与，要能够让积极地被感动者看真有的，当关系的爱入的多参与与，对的观看，有一参与的努力与能力，都人设置地接受人，其反应才是看最精密的和地的系，有他的莫纵着在其关定者，节目才不着地被理解。如此才能在节目的角色中断地增强自己的涉身卷入观者。

其人参者的被观察是一次重被摄、被依看节目中的行为的维意，也就能够在视觉者中增强的涉身卷入观者感。所以，她观则的设计，就是涉身卷入式，同时也能使观者及实在场出中的角色。正是依实在中的角色，极入了属入的多参与与的角色画面中的涉身卷入者，使他们的理解、情感和精神产生紧密的互动。

二、核心的机制

就这一定是二人以上的互动在场。在互动中的交流、沟通、长期、激发更大的动力是被行的。二人以上的维系。其不定是参与，参与者不能为观看者也在下。对于人，然后本身还有情感趣的人，这总令可以为与的维系的要求限相系。就能够把他纳入自己的分析和理解。并与其作题。那些是其人参者的目目的和维度。作为是都节目的行为的维度。其人参者时也

---

① 张思斯.《西方二十世纪文化者》[M]. 北京大学出版社.

是紧张和对立与否、顺畅与否、助力与否的关键。一旦真人秀节目的规则被打破与忽略，规则设计的其他重要的作用，换言之，有色与其连接搭建者的身份也就随之消失而难以正常实施起效。

丹尼·桑德斯（Danny Saunders）为规则下的定义是："一切社会与文化关系在不同的语境上得以创建化，引导化与管制的方式。"① 规则使得人们的行为在一具体明晰的标准之下，人与人之间由于规则的指令的指导来行为，并理解和配合、统一行动，逐渐确立了人际间的交流规则以来出其且自发的行为为模式。

一、设计的规则

1. 规则指导行动，助力叙事表

真人秀节目的规则，对于大众观众而言泛之，有两层。一层是引导节目叙事的行为依据，控制着色行为的标准，这是叙事层面的，分外，还有深层的是作为节目中某项主题们精髓的"潜规则"。它在节目并并未明确晚确，且以隐含为默会方式，在某的真实感中，其文化方式，文化惯性，某些习惯，俗信以及口味等相隔释。它只是其实存在着，主导着他的每一步选择。其真人秀节目中每一种时刻的展现过程，却是具有不明确完整的设计的规划，正是这样一规则，难度置了有色真实的情况人们深入在每到的真实感中，但如何表演，某激的方式，某激的水平、其实都是有不明确的固形下的。

电视真人秀节目通过对未来关的手段和技巧，让选好动在规则的指导的下的 真实的内容。

电视真人秀节目通过对未来设置这一事件体验设的各规范性用与反作用而激活动力和潜能和化为观察事实，这一事件体验设的各规范性用与反作用而激活动力和最鉴。那些节目已经不需赛。大众来心理想感来如心理题感等功能性组带就是最大事件。电视游戏的来要求美从观众到是以"自我的像作"。"是为的"的复兴、和对"自我说道的像"。我化为这世相随的体验和调察，既对真人秀节目是参与者色的未来激不到目标 ，发成下最的与社会的自足感。

---

① 约翰·道蒂等著：《关键概念——传播与文化研究辞典》[M]，新华出版社2004年版，第247页。

二、节目场景时空

由自然地理环境引发的压力心理,在真人秀节目中被转化为节目场景。既有原汁原味的自然场景,也有精雕细琢的人工制景。在场景中制造压力、推进故事。

美国的"生物圈二号"实验,是真人秀节目产生的灵感。享誉世界的电视制作人约翰·德·摩尔(John de Mol)瞬间有了一个奇妙的想法:"如果我们将一群人关进一个封闭的空间,会发生什么呢?如果24小时不停地拍摄,每个月给他们安排个任务,奖品是允许他们给家人打个电话……"这就是首档引发关注的室内真人秀节目《老大哥》的最初设想。完全封闭的空间、时刻不停地拍摄,无法联系的困惑,环境设计刻意制造参与者的压力,并继续放大这些元素:增加迫使他们离开的考验、巨额奖金的诱惑以及淘汰制度的建立。

心理学上对压力的定义是,个体对作用于自身的内外环境刺激做出认知评价后产生的生理和心理反应的过程。最初的真人秀节目中,设置特殊条件下的室内和室外环境,对于节目参与者施加生理和心理压力,并由压力引发了刺激因素,对个体的适应能力进行挑战,节目参与者在预设的挫折情境下,产生了烦恼、困惑、焦虑和愤怒等真实的情感反应,并由于文化背景、信念与信仰、价值观、语言和风俗的不同,做出了不同的个体行为。这一外在刺激与反应的互动过程,让电视观众有了全新的观看体验,在紧张、刺激与互动中体会了真人秀的独特魅力。

第一档引爆大众视野的室外真人秀节目,是一档大型野外生存探险节目《幸存者》。这个以"荒岛求生"为主题开始尝试的室外真人秀节目,第一期选择的场景就是南印度洋的一个沙漠小岛,并由此奠定了节目外景地的鲜明特征:与世隔绝的野外环境,参与者的活动自由受到严格的限制。这样苛刻的生存环境,使得节目天然地带有戏剧性,也格外刺激观众的视觉感官。随着节目在全球热卖,2001年年初,《幸存者》作为首档真人秀节目进入中国,但是,这个在海外获得巨大成功的节目,并没有如期在中国引爆荧屏。2001年的中国电视屏幕,传统的综艺节目形式仍占主导,观众更愿意接受有预期的唱歌、跳舞和小品等常态的娱乐方式,对于《幸存者》这样一档完全不循规蹈矩、并与自己生活距离遥远的外国节目,中国的收视市场反应冷淡。直至2004年，湖南卫视打造了的全新节目形态《超级女声》与大众见面，这也是中国电视史上第一个真正意义上的本土真人秀节目，它标志了电视真人秀节目席卷中国荧屏的开始。这股潮流一直持续了十几年，时至今日，才艺类真人秀节目仍是我国最为流行、最受大众欢迎的节目形态。与《幸存者》《老大哥》不同，《超级女声》对于节目室内外场景的打造，是两种极端的形式感，海选阶段用简陋到完全不加装饰的狭小房间，营造出十分"接地气儿"的真实感。表演阶段则是华丽完美的舞美空间，精致的妆容配备精美的服饰，打造出华丽炫目的女王气场。《超级女声》呈现了经典故事灰姑娘的现实版本，将一个个生活中的普通女孩打造成了万众瞩目的闪亮明星，张靓颖、李宇春、周笔畅、安又琪……在今天大获成功的艺人名单中，仍有许多是来自当年《超级女声》的。在大量"吸睛"的同时，《超级女声》取得了巨大的商业价值。《超级女声》成为了中国真人秀节目史上的里程碑，也拉开了国内学者对于真人秀这一特殊节目形态研究的序幕。

应当说，《超级女声》在2004年的成功绝非偶然。无论是简陋的室内空间，或者华丽的梦幻舞台，《超级女声》的定位都迎合了时代大众的社会文化需求。

小　结

电视真人秀节目借助真实的"人"通过艺术再现生活真实，将节目参与者在节目或游戏中的"秀"径直推送到电视观众面前，形成表演者与电视观众之间的审美互动。电视真人秀节目的欣赏过程，就是真人秀节目表演者与电视观众共同建构的一个"秀场"——一个真人秀节目表演者呈现的丰富、多元的角色与电视观众内心映射出的无数个"我"之间的互为与互动的"镜像空间"。

电视真人秀节目中确定性与不确定性的矛盾，决定了节目情节的偶然性与必然性的统一，节目内容的现象性与本质性的统一，节目认知的准确性与模糊性的统一，节目读解的现实性与可能性的统一。

真人秀节目内容的设计有四个方面的共性：角色预设、节目规则、叙事结构和时空关系。正是这四个方面控制着真人秀节目的具体面貌、样态，及最终呈现的效果，并在确定性的恒量与不确定性的变量的相互作用下，在矛盾的张力呈现中体现出人类的困境与选择。

本章从电视真人秀节目内容建构的核心视点出发，通过对影响节目内容的相关恒量与变量的三组组合关系的梳理，盘点影响电视真人秀节目内容建构的关键元素及其关系界面。角色、节目规则与时空关系，组合成真人秀节目中独特的叙事结构。三组恒量是真人秀节目的三个核心元素，由此引发的三个变量，是真人秀节目给予大众独特审美心理的关键所在。真人秀节目的规则，对于大众的观看的意义，有两层。一层是引导大众观看的行动线索，评判角色行动的标准，这是表层规则；另外，还有深层规则，类似于生活中我们提到的"潜规则"。它在节目中并不明确、具体，但它是角色行动的内在动因，行动的真实原则。规则、角色与情境，组合成真人秀节目的浅层叙事结构，它是表象，是观众看到的实在，是能够评论的"所指"；任务、功能与时空则引发了大众的无限联想与想象，将大众引出画面之外的精神世界，通过心灵与画框内的人物互动，观看节目的同时洞见自己，从而得到了真人秀节目中的自己内心的镜像世界，并从独特的个人视角，看到了镜像世界中的自己。在浅层叙事与深层叙事的双重推进中，真人秀节目演奏出了时代烙印的价值观。

第四章　镜像空间的审美建构

> 审美活动是一种人生体验活动，这种体验活动的对象是意象世界。这个意象世界就是"美"，在这个意象世界的体验活动中，"真"、"善"、"美"得到了统一。即"美"是意象世界，"真"是存在的真实（本然的生活世界），"善"是人生境界的提升。
>
> ——叶朗《美学原理》

真人秀节目形态的审美价值体现与叶朗《美学原理》中提到的"真""善""美"是不谋而合的。真人秀节目是真人的"秀"，它通过一系列的技术手段来塑造审美形象，"真""善""美"是源自观众本心的情感需求，真人秀节目"秀"出的形象、符号和意义，正是为了满足观众心中对于"真""善""美"的想象。我们可以将真人的"秀"理解为真实生活中"真""善""美"的融合、展现。真人秀把隐藏在现实生活表象下，普通人内心深处的"真""善""美"发掘了出来，塑造出荧幕上深入人心的角色形象。

"真""善""美"在真人秀中的凝结，促使我们从审美建构的视角思考电视真人秀节目形态，把握一个荧屏表象背后的深层审美机制，形成对真人秀节目的艺术观照。

真人秀是对人的表达展示、塑造的过程。

首先，提到电视真人秀节目中的"真"，它是生活真实与艺术真实的统一，是真人秀节目的灵魂。"真"有三个层面：一是角色真实，即参与节目表演的角色都是现实生活中的人，拥有可触可感的真实身份；二是真实的视觉呈现，即节目通过设定真实的游戏规则，真实的呈现了整个节目过程；三是真实的情感体验，即节目参与者的一言一行都流露着真情实感，无法隐藏他/她的真实心理。他/她的每一个动作或反应，都立体呈现了他/她是谁，呈现了一个真实、鲜活的生命状态。举例来说，《超级女声》中的李宇春、张靓颖在舞台上绽放时，泪流满面地感谢生命中的每一位朋友是真情；《非诚勿扰》中的节目主持人孟非面对台上24位女嘉宾时，对情感问题一针见血地点评和解析是真言；《极限挑战》中明星大腕在身体极度透支下的"抱团取暖"、相互慰藉是真心。真情、真言、真心，借助游戏的场景，在一场现实世界的微观展示中，配合着声、光、电的氛围营造，展现着世界的美，并温润着观众内心的善。由此，真、善、美借助于一台精心制造的电视节目，合为一体，令观众感受到审美的愉悦，这就是真人秀节目形态所建构的独特的审美空间。它是叶朗描述的"意象世界"，是我们"本来的生活原貌"，是每一位观众跟随节目体验到的"情感升华"。

其次，我们谈到的"善"，它在电视真人秀节目的审美建构中，呈现的是人与人、人与社会以及人与自然的关系，是植根于电视观众内心深处的理想人生的再现，也是电视观众将大千世界的真实生活中"善"的理想和价值观，转化和升华为艺术欣赏之后的一种审美体验。于是那些被大众所认同的社会公共道德观与情感，通过电视真人秀节目中的"人"在节目中的呈现与传播，形成话题，引发关注、思考或辩论、认同，在真/伪、对/错、得/失、美/丑的探讨中，经由观众审美心理的内化与沉淀，外化为一种荧屏对象化的"秀"与欣赏。

最后，我们谈到的"美"，它在电视真人秀节目中借助真实的"人"通过艺术再现生活真实，将节目参与者在节目或游戏中的"秀"径直推送到电视观众面前，形成表演者与电视观众之间的审美互动。电视真人秀节目的欣赏过程，就是真人秀节目表演者与电视观众共同建构的一个"秀场"，一个真人秀节目表演者呈现的丰富、多元的角色与电视观众内心映射出的无数个"我"之间的互为与互动的"镜像空间"。在这一过程中，角色展现的是有形的自我，电视真人秀凭借游戏规则的设定塑造出"无形的自我"，并通过场景的设定和情节的铺陈，使得真人秀节目充满了"秀/看"的二元张力。与其他电视节目不同的是，电视真人秀节目跳脱出了剧本内容价值评判、演员心理负担的窠臼，将节目亮点聚焦在表演者与观众心理互动的"主体间性"上，能够专注于节目情节的推动，酣畅淋漓地释放情感，想哭就陪同角色一起哭，想笑就陪同角色一起笑，突破了以往节目情感内敛的审美取向，使得电视观众的情感体验更纯粹、更专注，也更尽兴和释怀。

上述电视真人秀节目中的所构建的真人的"秀"和真、善、美的对应关系，立体呈现了真人秀节目的创作原理和审美心理动机。从审美视角来看，电视真人秀节目就是由嘉宾、演员、主持人和电视观众"合谋"、共同参与的真人秀场，由表演者与电视观众之间复杂的心理互动，建构了具有独特审美意象的丰沛空间。无论是作为表演者的"人"，还是作为欣赏者的电视观众都受到独特审美机制的驱动，浸淫在电视媒介、社会、文化构筑的节目审美场域中，沉浸于互为与互动的多维审美镜像空间中，分享着世间悲欢离合、人情冷暖，传播着大爱无疆、大美无价。这一审美心理活动具有学术价值与实践价值的双重观照，正是本文研究电视真人秀节目的初始动力所在。正如叶朗的《美学原理》所言："沉积在他心中的历史、文化、知识必然要在审美活动中发生作用，这种作用不是表现为逻辑的思考、判断，不是表现为'思量计较'，而是'一触即觉'，是刹那间的感兴。"

第一节　中国电视真人秀节目的情感需求

"艺术是变形和造型，即把无限多样的现实变为可进行审美感知和体验的环境，因此，艺术是把经验现实转化为审美现实。另一方面，艺术也是反作用，是反向转化，即将审美环境（身体、空间、音响、图画、言语、媒介）转化为心理行为方式和感受。"①

——舒里安

中国电视真人秀节目的情感需求通过艺术表达的手段和技巧，将大众内在的心理需求和内在感知外化为视听审美，这一审美体验活动呈现作用与反作用两种驱动力量。联结节目艺术表现、大众审美心理需求和心理活动的桥梁和纽带是大众审美。

本章以电视真人秀节目中观众的需求作为切入点，在大众审美的框架

---

① ［德］舒里安：《日常生活中的艺术》，（罗悌伦译），漓江出版社1993年版，第14页。

下，思考电视真人秀节目内容是如何满足观众心理需求以及观众审美心理活动的微观变化和体验，在此基础上进行经验性的观察和梳理。经过梳理发现，中国电视真人秀节目的日常需求大致类分为如下三个方面：

（1）电视真人秀节目的艺术表现是观众舒缓压力的"减压阀"。

（2）电视真人秀节目的艺术表现是观众沟通与情感表达的"共鸣箱"。

（3）电视真人秀节目的艺术表现是观众传播个体意见的"放大器"。

一、观众舒缓压力的"减压阀"

作为综艺节目的一种类型，电视真人秀节目的艺术表现不仅真实地再现了生活，而且超越了生活。电视真人秀节目这种"仿真"与"超真实"的艺术表现力切中了观众的心理需求点。对于广大电视观众而言，他们需要通过电视荧屏真实地触摸到自然和社会，感受到自我与真实世界的联结，这种需求是人类最原初的情感体验，也正是人的社会属性的重要表征。简单而言，人需要从酸甜苦辣、冷热温凉的物理性感触出发，经由某种媒介（声音、语言、图片、文字、影像）的接触与反馈，感受到自己的存在，表达自己的情绪、情感和思想。其中不乏高级形态的审美建构和审美体验。正因为人类赋予了花鸟虫鱼、山川日月这些自然物质最真实的自我情感体验，它们才有了温度、颜色和美感，才能被体味、被呈现和被表达。正是通过人类这种"移情"（移人情于物理）作用，人类社会才产生了灿烂丰富的文化与文明，才有了多姿多彩的艺术世界。也正是从这个意义上来讲，人是一种"审美动物"，人通过审美活动将世界万物的自然属性和社会属性合二为一，将自然界与人类社会联系起来。

加拿大传播学者麦克卢汉提出，"媒介是人的延伸"。通过媒介将人的情绪、情感和思想传播给社会是媒介社会化的重要驱动力。从审美视角来看，审美活动也是媒介活动的重要组成部分。人通过媒介将审美活动聚焦到一个特定的物理空间，并在一个特定的时间范围进行有效的传播与互动，这是时下数字传播时代的重要特征。以电视真人秀节目为例，人们通过仪式、游戏等节目形态和电视媒介传播载体进行审美活动，形成"秀"与"观看"的审美互动。这其中最重要的动力来源于人们需要通过真人秀节目形式帮助电视观众缓解压力、舒缓情绪，电视真人秀节目也就成了观众舒缓压力的"减压阀"。

当然，也有学者从生命进化的生理角度来阐释大众审美活动，他们认为"人类应激的压力如此深重，可供选择的手段又受到种种制约，缓解的需要就使人类本能向审美的方向寻找出路……审美的非功利性使人类能创造一个既能转向攻击，又不致伤害他人和自己的世界，这个世界就是我们说的艺术"。换言之，大众审美是人类自身面对外部世界压力的一种内在调节方式，将外在的痛苦压力内化为苦痛力量，并在精神世界里创造平衡。温克尔曼曾说过，"希腊人在艺术中所取得优越性的原因和基础，应部分地归结为气候的影响，部分地归结为国家的体制和管理以及由此产生的思维方式，而希腊人对艺术家的尊重以及他们在日常生活中广泛地传播和使用艺术作品，也同样是重要的原因"。尽管温克尔曼的观点略失偏颇，有夸大艺术的作用之嫌，但这也折射出古希腊人对艺术审美力量的重视，大众对于外部压力的审美调节方式，将物质文明和精神文明有机融合，可归纳为自然地理环节、社会文化状态和时代体制引导三个层面。由此可见，大众审美对于舒缓人的压力的功能探索早就潜藏着古希腊文明的"历史基因"之中。

大众审美对于舒缓人的压力的功能探索与阐释的现代经典理论是表现性美学。表现性美学认为，"艺术通过为自己创造一种想象性经验或想象性活动以表现自己的情感"。同理，人们在审美活动中，审美情感是必不可少的元素，如果没有情感的融入，审美活动是不完整的。简言之，情感是人类审美活动的起点和终点，电视观众之所以喜爱电视节目并沉浸于电视节目的艺术表现过程中，很大程度上是源于观众情感需求和情感介入，许多电视观众以审美态度欣赏节目并投射了自己的情感期待，使得节目的传播过程获得了受众的"参与"和"互动"，演变成一种审美活动。这一审美活动的产生是电视媒介特性、节目创作内容和审美心理机制三者叠加的产物。电视观众的情况需求和满足集中体现在"情感与压力""舒泄与平衡""共鸣与认同"三个方面。其中，舒缓压力是电视观众情感需求与满足的重要表征之一。

目前，关于"情感与压力""舒泄与平衡"和"共鸣与认同"三个方面研究的代表性理论是卡茨的"媒介使用与满足理论"。卡茨认为，"人们的媒介接触行为与其心理需求相关，受众会根据自己特定的心理需求选择特定的媒介"。由此可见，观众观看电视的行为与他们对电视的偏好和心理需求有关，观众期待通过看电视不仅获得感官的满足、身体的放松，而且期待通过看电视获得情感的满足，释放压力，平衡自己生活中的各种精神负荷。简言之，观众观看电视的时候，他们是处于电视掌控一切的状态，每一位观众因为掌握"遥控器"而暂时处于生活没有压力的状态，处于强势主体的地位上，这与观众在现实生活中常常处于被支配地位，形成了鲜明的对照。《中国好声音》就使观众在欣赏音乐的同时，在候选人面临严酷的竞选压力的同时释放了自己的压力，得到了情感的满足，暂时遗忘了现实生活的烦恼，处于幻觉般的"自我催眠"状态。

其次，提及"舒泄与平衡"也同样如此，一个电视节目真正要让自己的观众得到轻松与娱乐，就必须从电视观众某一时段感受到的主导压力入手，以能够舒缓其特定压力的内容和方式，为他们带来真正的娱乐休闲。

最后，我们说"共鸣与认同"也深刻体现了"使用与满足理论"的适用性。

电视节目内容往往是对外部世界的模仿，它之所以强烈吸引人们观看，让人们获得梦幻般的满足，正是源于电视文本塑造了与电视观众的"强关联性"。在这一组关系中，电视观众更倾向于选择接触那些与自己意见一致的作品，避开那些与自己意见相左或观点相抵触的内容，希望电视作品能引起自己的情感共鸣。并因为这样的作品能够赞同自己的主张而获得了某种社会认同，从而获得社会归属感，产生了一种"替代性满足"效应和审美移情的作用。同样以《中国好声音》为例，当观众观看《中国好声音》时，他们将自己的情感投射到节目中，期待从中找到自己的身影，非常关注与自己有相似情感经历的歌手，希望通过"他"替代自己"闯关""崭露头角"或"胜出"，体味歌手的人生故事，借助他们传递自己的情绪、理想和价值，并伴随着他们的成功而欢欣鼓舞，伴随着他们的失利而黯然神伤，这份情感共鸣正是上述三个方面的移情呈现。

中国电视真人秀节目作为一种典型的娱乐节目样态，它的崛起反映了电视节目娱乐化、类型化发展趋向，也深刻体现了电视节目传播的互动性，突破了传统节目单向度传播和"零互动"表现形态的范式，凸显节目制作水准的升级迭代。从审美视角来看，这种趋向客观反映了电视观众审美需求和审美能力的提升，电视节目制作团队巧妙捕捉到这种"信号"并迎合了这种需求。虽然电视真人秀节目是一个西方"舶来品"，势必历经一个节目样态"西学东渐"和"本土化"改造的过程，但中国电视真人秀节目与西方电视真人秀节目在本质上具有共性，即作为一种审美活动，同时满足了电视观众的审美需求和节目参与者与电视观众的二元互动，电视真人秀节目以一种"仿真"与"超真实"的艺术表现力切中了观众的心理需求，以一种真人表演的形式感，艺术化地再现了真实世界的情感诉求，形成了电视观众与生活世界的"强关联"，塑造了独特的审美空间。

如果以观众的情感需求作为原点，从电视真人秀节目中观众的情感需求出发，在大众审美的视阈下思考和梳理电视真人秀节目是如何满足观众的心理需求的？通过上述梳理，我们发现中国电视真人秀节目的叙事逻辑大致如下，即通过艺术表达的手段和技巧，将观众内在的心理需求和内在感知外化为视听审美，这一审美体验活动呈现作用与反作用两种驱动力量。联结节目艺术表现、大众审美心理需求和心理活动的桥梁和纽带是大众审美。电视观众的审美需求从最原始的对"自然的模仿"、对"生活的艺术再现"和对"自我意识的观照"转化为对人生世相的体味和洞察，通过对真人秀节目参与者的表演看到无数个自我，形成了映射自我与社会的镜像。这种变化是媒介、社会、文化发展交织作用的结果，也是大众传播时代艺术表现方式从传统的文字、图片向数字影像过渡或衍生的一种历史运行过程。然而，无论表现方式如何变化，电视真人秀节目诉诸的情感需求始终未变，即观众舒缓压力的"减压阀"。

二、观众沟通和情感表达的"共鸣箱"

电视真人秀节目通过节目表演者对生活的真实再现，借助电视节目独特的语言、画面和视觉符合传递着情感、生活体验和价值观。就其艺术表现而言，它是电视观众与节目表演互动与沟通、情感表达的"共鸣箱"。正如某些学者指出的一样，"人们从来就不只是'看'电视，或者像符号学家所说的，他们不单单'读'电视。受众不是别的，而是'感觉'电视和其他流行媒介，通常很深入。"[1]"感觉"一词，非常形象地表达了电视观众的感官体验和情感投入。

---

[1] 宋伟林：《互动模式：提升电视节目竞争力的策略》[J]，[中国广播电视学刊，2008（3）：28—29］。

人们观看纪录片，因为它真实、客观、直接地表达着世界的角角落落；人们喜好影视剧，因为它不仅来源于生活，还强化了生活，是生活中苦辣酸甜的强化剂；人们听相声、看杂耍、品综艺，它们无时无处不演绎着生活之美。不同的电视节目形式满足了观众不同的观影动机，直到真人秀这一综合、多元的节目形态出现。

电视真人秀是客观现实空间与大众心理空间相互作用的最恰当媒介形式。真人秀是游戏，是故事，是才艺展示，是真实记录，可以说，电视真人秀是电视节目形式的集大成者，它是迄今为止所有电视节目表达形式的综合呈现，它像是一个包罗万象、变幻莫测的拼插玩具，可以被制作者不断地拼插组合，它给予了观众一种综合的、丰富的审美体验。细数近十年来被称为"现象级"的电视真人秀节目，无一不是多元而包容的综合体，也可以通过每一年火爆的真人秀节目类型，窥视到社会的冰山一角。

婚恋类电视真人秀节目《非诚勿扰》，集中表达了女性择偶的不同价值标准，也呼应了社会上女多男少而形成的"恨嫁"心态。"宁愿坐在宝马车内哭"所引发的话题争论异常激烈，观众一边在批判，又一边在感叹"世风日下"、择偶标准愈加功利的现实境况。《爸爸去哪儿》作为国内首档室外真人秀，把城市中温室内养成的"星二代"们带入了简陋陈旧的农家院，其环境的选择似乎与时代脱节，在原始的环境中观察父亲与孩子之间的关系，如何处理问题，如何与人相处，如何面对拍摄？其中刻意凸显的教育问题，一直是这个时代中国人的关注焦点。《职来职往》将招聘现场直接公开，正是针对大学生就业难、找工难的现实窘况。为何难？究竟是客观原因，还是主观不足？一个个自信满满的求职者，与招聘者期望之间的差距在哪里？所谓优秀，它的社会标准是什么？观众在观看节目的同时，也不断提出问题、发现问题、寻找答案。《汉字英雄》将拼字游戏演绎成了全民回归传统文化的大潮，简单的汉字拼写中演绎着不简单的中国古代智慧，对于西方国家文化的入侵，提供了思考和讨论的平台，也是对中国人群体的文化寻根。

电视真人秀节目的内容是外部世界的折射，观众可以在真人秀塑造的亦真亦幻的空间里获得梦幻般的满足。观众可以选择节目内容强化自我的认同感，也可以在角色之间的比照中矫正自我的分寸感，或者在与真人秀角色的情感互动中获得自我的归属感。真人秀中的角色在观众的接受程度之中分化，一部分成为观众观点趋同的"自己"，一部分转化为与自我有明显差别的"他者"，观众更倾向于通过这种身份与角色的横向比较和定位，将自己的看法下意识地注入其中，在审美移情作用驱使下释放自己的情感，从而获得心理满足和审美愉悦。[1]

当观众观看《中国好声音》时，他们能够从中找到自己的身影，自己积蓄已久的感情在观看电视的同时也能够得到发泄和表达。同时，他们也能够通过节目中选手在人生道路上的成功，替代性地感受到自己在生活中不曾感受到的成功，从而得到身心的放松。因此，被大多数观众接受的节目，往往体现出相似的特点，即传达了大多数观众所处时代主流的社会评价、理想愿望和思想感情；在情感情绪的表达上符合观众所处时代的主流精神和主流价值观，能够引发对观众所处时代典型社会问题的深入思考。真人秀赋予我们这样一种期待——我们一直期望能够饱含情感入世地活着，同时又能够以出世者的姿态理智地观察生活。

从角色视角来看电视观众情感诉求的另一个鲜明例子来自经典文学作品。莎士比亚曾写道："全世界是一个舞台，所有的男人和女人都是演员，他们有各自的进口和出口，一个人在一生中扮演许多角色。"[2] 中国民间也有俗语："舞台小天地，天地大舞台。"屏幕空间与现实社会虽然处在不同时空，却有着相同的内容表达，是一种同构关系。真人秀节目中的角色既是屏幕中真实的人，也是屏幕外真实的观众代表。美国社会心理学家乔治·赫伯特·米德已经把"角色"这个名词从影视和戏剧语言中抽离出来，探讨个人与社会的关系，作为社会心理学和行为主义心理学的一个重要概念，"角色"已经不仅仅是节目中的参与者，也是节目外大众中的一员，是显性的"自我"和隐性的"本我"。

真人秀节目是生活的"放大镜"，它将人们外化为行动之下的内在心理状态赤裸裸地展示出来，把人性的多面性暴露了出来，把包裹着道德与法制规范下的文明人，与潜伏于欲望之下的野蛮人统统展现了出来。来引发大众的观察、比照、判断、思考。人性中的复杂是节目的卖点，人与人之间的交往法则是节目的内在逻辑线。这句话有两个层面的理解：一个层

---

[1] 蒋敏昊：《2012年浙江卫视季播新策略解析》[J]，[收视中国，2012（9）]。
[2] 《莎士比亚全集》[M]，（朱生豪译），当代中国出版社1997年版，第二卷，第508页。

面，是作为观看者，在观看节目情节发展时，不由自主地主观判断，这个判断的依据和标准，仁者见仁，智者见智，不同的文化背景、价值主张、教育层次会引发不同的观看体验，观众从来都不是被动的"看者"，而是通过自己的取向来分析和判断节目内容，解码节目的所有元素，并根据个体的喜好产生个性化的读解；另一个层面，是作为参与者，在镜头前的每一个微小的动作，都是一种表演。参与者希望把自己塑造成为哪一种银幕形象，就需要不停地表现在自己的行为、语言、反应与选择之中。而随着节目环节的加速，自身情感的融入，在长时间不间断的拍摄中，真正的自我与理想中的自我会穿插，甚至排斥，这就是人的矛盾性。

从身份视角来思考真人秀节目如何满足电视观众的情感需求，发现身份也存在定位与认同的问题。"一切人类交际，都是由其所处的交际环境规定的，换言之，都发生于一定物理场所的限制之中。"[①]在真实世界中，个体的行为不得不受到社会身份、家庭身份的定义。社会职业的身份使我们不断地学习并努力使自身符合这一职业的社会规范，作为医生、教师、服务员，或者警察，有一系列限定词汇来定义不同的社会身份。这些职位是理性的、规范的，是被社会所"定位的"符号，个人常常无法打破这些规定性的限制，医生的内心可能藏着一个艺术家，教师的内心也许住着一个天真爱幻想的孩子；警察的内心也许是一个浪漫的歌手……这些深藏于个体身份符号下的真实自我往往无法直接展示出来。在一天24小时的现实世界里，我们不仅仅被职业身份限定行动和话语，还要扮演好自己的家庭身份，作为父亲、母亲或者孩子，我们身体上的"枷锁"重重。"匿名好像可以解除人们在社会日常生活中行使个人行为的紧张感。隶属于群体，常常是实现这种匿名的手段之一。"[②]我们热衷于各种群体集会、社会组织或者兴趣团体，可以短暂地淡化或隐藏个体的社会身份，将社会规范的身份符合转化为群体特征，而这不免要受到时间和空间的限制，不能够满足对于内在自我的全部期待。而且，内在自我的行为动机和意念，并不总是阳光的、积极的，有些内在念想、自我期待是与个人社会身份与家庭

---

① ［澳］J.P.福加斯：《社会交际心理学——人际行为》[M]，（张保生、李晖译），湖南出版社1992年版，第393页。

② ［澳］J.P.福加斯：《社会交际心理学——人际行为》[M]，（张保生、李晖译），湖南出版社1992年版，第382页。

身份不一致的，甚至是有损于个人的外在形象，不能够被普通的社会观念所理解和认同的。这使得个人往往希望以一种非常态的方式与他人建立联系。这一点，个人在群体中也无法得到充分的体验。真人秀的节目形式恰恰满足了大众内在的心理需求。真人秀节目的拍摄内容与现实社会具有同构关系，它的参与者是现实生活中真实的人，在节目中他们参与游戏，可以抛弃社会身份或者家庭身份，转化为游戏参与者的角色来展现行为，表达观点，而节目规则的设计也正是要逼迫出一个本真的、内在的个体——选手、专家、嘉宾等参与节目的个体，在参与节目时都会给予自己一个显性角色形象的定位，这个形象是他们希望留在屏幕上呈现出来的公众形象，也是他们心目中希望打造的个人完美形象。而实事上，真人秀节目的特点并不允许他们总是按照自己的设计来完成节目拍摄，在节目规则的不断挤压之下，在一环一环的节目进程中，参与节目的个体，他们的隐性角色身份也会一览无余地暴露出来，有些地方是个体提前想得到的，更多的，则是无法提前计划的真实自我的流露，是一个内在自我的全面呈现，通过声音、动作、表情、语气、语言，甚至一个停顿……每一个微小的细节都在电视屏幕上被放大、被捕捉。而每一个个体的交相组合，又会呈现出现实社会的真实映射，进而在电视屏幕上建构出模仿中的现实世界。

电视真人秀节目的内容是真实世界的"投影"，通过真人秀演员在荧屏上的模仿与再现，为电视观众提供了沟通与情感表达的渠道和空间，赋予了电视观众映射"自我"，定位自我角色的心理建构空间，也通过真人秀节目参与者的真实身份与表演角色的"间离化"艺术处理，实现电视观众对参与者身份的多重认同与审美欣赏。由此可见，电视真人秀节目在满足电视观众情感沟通与表达上具有多重意义张力，既通过电视观众与真人秀节目表演者之间的互动实现了真实生活与艺术生活的审美交互，又通过电视观众内心的"镜像"审美实现了"主我"与"客我"之间的多元互动，建构了沟通与情感表达的"共鸣箱"。

三、观众传播个人意见的"放大器"

电视真人秀节目通过节目表演者、主持人与观众之间的互动，建构了一个独特的"话语场"或"舆论场"。在这样一个"话语场"里交织着不同的人生体验和价值观，表演者在节目中扮演的角色与观众的心理需求进行着激烈的碰撞与交锋，产生"自我"与"他者"之间的互动，并建构了一个丰富的审美空间，满足电视观众多元化的审美期待。由此，真人秀节目通过表演者的"秀"和观众的"看"之间的互动与碰撞，无形中传递着观众的意见，为观众提供了一个"内心"自我外化的平台，成为观众传播个人意见的"放大器"。无数电视观众意见的叠加集成了社会化的"舆论集合"，催生出反映真实社会生态的主流价值观的传播与集散。简言之，电视真人秀实际上是多元社会价值观的集散地，也是电视观众个人意见的"放大器"。

真人秀的制作过程，正是将现实社会进行屏幕上景象世界的转化。法国哲学家伊·德波在《景象的社会》中曾大胆宣布了"景象社会"的到来，但是在伊·德波的论述中，世界转化为形象，就是把人的主动的创造性的活动转化为被动的行为。而且，他认为景象避开了人的活动而转向景象的观看，从根本上是独裁和暴力，它不允许对话。而新的电视节目形式——真人秀的出现打破了伊·德波预测的"景象社会"。在真人秀节目的观看中，观众不仅仅是被动的信息接受者和独立于节目之外的旁观者，同时，他们也是参与者，与真人秀节目主动、积极地互动，甚至可以说，观众也是真人秀节目的制作者，真人秀这一特殊的节目形式正是观众沟通与表达的渠道。真人秀的观看过程，正是观众对世界的了解和对自我的表达过程。社会学中对于表演的定义是，"特定的参与者在特定的场合，以任何方式影响其他任何参与者的活动"[①]，每一个个体每时每刻都在与他人的接触、观察中了解着自我，一生都在探寻合理的方式、合适的相处模式，观众在节目的观看中，体验着不同的心理与反应，从而反思自己的相同和不同之处，并在这一过程中，体验到一种自我的认同。

《极限挑战》中的游戏环节的设置十分精细，期期都能够选择人性中的弱点进行挑战。比如人的好胜心、虚荣心、信任感、合作中的真实与伪装、欲望与底限、荣誉感等等。其中有一期节目，以阿里巴巴公司的职位竞聘为游戏背景，能否升职成为游戏的获胜规则。节目刚开始，就进入了真人秀节目的经典桥段——淘汰环节。导演们设置了一个令所有选手头疼

---

① ［美］欧文·戈夫曼:《日常生活中的自我呈现》[M]，(黄爱华、冯钢译)，浙江人民文学出版社1989年版，第14页。

的挑战环节，六位选手分别进入约谈室，要求他们每一个人都必须写出一位希望淘汰的对手。在摄像机面前，六位选手展示了不同的行为表现，在经历一番内心的挣扎后，六位选手中四位都不约而同地选择了黄磊，其原因恰恰是因为黄磊被公认为六人中智商最高的选手，所以，他最先被众人淘汰。无论在节目中与他人的亲疏远近，在涉及竞争游戏的这一刻，能力最强的选手成为所有人关注的对手，与真实生活中的职场不谋而合地一致，正是中国古人交往之道的精辟总结："木秀于林，风必摧之。"当选手们一个个从约谈室中走出，黄磊竟然完全猜中大家的投票结果，其聪明让众人瞠目，同时也为他又一次被大家选为被淘汰者埋下伏笔，正所谓"聪明反被聪明误"。对于此，智者早有言。唐·罗隐《自贻》诗："纵无显效亦藏拙，若有所成甘守株。"就是说宁可没有明显的成绩也不冒进避免因考虑不周而暴露缺点、引发祸患，如果能有所成，甘愿被人批评，是守株待兔也不放弃固守的态度。换作现代通用的职场法则就是"做事要藏拙，做人要露怯"。这个环节中所涉及的中庸哲学暂且不论，作为一名电视机前的普通观众，在观看他人选择之时难免不会换位思考，看到他人选择结果又会警醒自身。或赞同、或反感，这对与错的思索之中，是完全洞知前因后果又作为旁观者的理智与清醒。虽然节目中仅仅是一场游戏，场景设置也是虚拟现实，但其中令观众久久寻味之处，恰恰是观众自身在生活中的点滴烙印。真人秀节目对于现实世界的反衬，正是观众观看时的内在驱动力。它比现实更真实、更直接、更清晰。

　　前苏联著名的电视剧导演别梁耶夫所说："对于我们来说，电视剧最重要的一点，就是让观众相信，他所看到的是真实的生活。"真人秀节目既是逻辑清晰的故事，又是真实的客观记录。对于观众而言，生活中的事件与屏幕上的事件究竟有什么不同？这正是"当局者迷，旁观者清"。现实生活中"人在事中迷"，观众容易看不清自己和他人，也无法全局地把握住事实真相，而在真人秀节目中，观众认为自己看到了全部的真实。而这个体所感受到的真实，又恰恰带着强烈的个体印迹。朱自清先生在《谈静》一文中说道："眼见颜色，耳闻声音，是感受；见颜色而知其美，闻声音而知其和，也是感受。同一美颜，同一和声，而各个人所见到的美与和的程度又随天资境遇而不同。"正像不同心情的人在海边驻足，心情平静的人能够坦然欣赏大海千变万化的美，平静的海面柔和之美，澎湃的海面壮烈之美；心情烦躁的人到海边观得大海的浩瀚，感受个体的渺小，求得心情的平和；心情欢乐的人在海边体味亮闪闪的光和澄澈纯粹的碧蓝，越发欣喜愉悦。大海总是那一个大海，美感则因个体心境而不同。与其说观众在真人秀节目中看到了生动的现实世界，不如说观众看到了生动的现实世界中自己的影子。

电视真人秀节目内容以现实生活为基础，通过节目表演者将真实世界的故事搬上荧屏，折射出真实世界的喜怒哀乐、人生冷暖，形塑了一个与真实世界相映衬的"景象世界"。在这样一个景象世界里，每一位电视观众都可以透过真人秀节目现场看到"自己"，也透过这个平台传递自己的心理期待，传播自己的意见和心声，形成了符号化的"自己"与"他者"。由此，打破了真实世界与艺术世界的界限，建构了一个处于生活真实与艺术审美"临界状态"的审美空间。在这个审美空间里，每一个观众个体既与自己的内心对话，又与他人对话。每一个表演者都在扮演自己，又在扮演他人。表演者的"秀"场既是表演者模仿生活、再现生活的舞台，又是观众内在情感、思想倾泻的舞台，真正塑造了一个多维"镜像空间"。从表面上看，每个人都在感性地表演或审美。实际上，每个人都处于潜在、深层心理活动的驱动下，在理性地传播自己的意见或观点。真人秀的制作与传播过程就是这样一个审美"符号化"的过程，处于自我／他人、表演者／观众、秀／观看、真实／艺术、感性／理性的多重的二元对立与互动状态中。

综上所述，电视真人秀节目通过上述特殊的节目形态，在复杂的审美心理机制驱动下，满足观众多元化的心理需求。这些心理需求包括舒缓心理压力、情感宣泄与表达、传播个体意见等，经由电视节目制作的手段和包装技巧，将真实的生活艺术化处理与再现，呈现表演者／观众的二元互动，建构了一个独特、多元的审美镜像空间。具体来说，观众的情感需求具有不同层次、不同侧重点的微观表达，即或通过观众对审美对象的"移情"产生一种"催眠"效果，或通过内心情感外化产生一种情感表达欲望，或通过内在价值观与人生经验向外投射产生某种观点的碰撞或交锋，在审美"符号化"的作用与反作用力驱动下，形成了情感需求的使用与满足。简言之，电视真人秀节目的艺术表现是观众舒缓压力的"减压阀"，是观众沟通与情感表达的"共鸣箱"，是观众传播个体意见的"放大器"。

第二节　中国电视真人秀节目的镜像互动

> 主体往往通过"镜中自我"确定自己的身份，从而完成真实身体认同"镜中自我"的身份确认过程。
>
> ——拉康

从拉康的"镜像理论"出发，我们发现人的行为在一定程度上是基于对自我认识上做出的举动，而这种认识又是在与他者进行社会交流与互动中形成和发展起来的。简言之，"他者"是一个与主体既有区别又有联系的动态概念，主体为了更好地确定和认识自我而选择和确定"他者"。"他者"的行为、态度就像一面"镜子"，影响对自我的认识和把握。因此，"他者"扮演的角色通过"镜像"建构多重自我。

电视真人秀缔造了一个微缩世界，从角色/身份扮演开始，经历了游戏开始与结束的完整过程，用喜怒哀乐演绎着一个个真实的故事。但如果它不被拍摄下来并通过媒体"曝光"，那么，这个世界便与你无关。美国当代哲学家梯利希说过，"没有世界的自我是空的，没有自我的世界是死的"。真人秀与电视观众之间的联系就是观看电视的活动。但如果仅仅是三心二意地瞥上两眼，这个观看活动也无意义。这里提到的"观看"是心灵的全神贯注，身体的密切配合。正如王阳明所说："天地万物与人原本是一体，其发窍之最业精处是人心一点灵明。"这也正是电视真人秀的镜像互动的过程。

电视真人秀节目模式创造了"镜像式"互动过程，制造一个假定空间，借助游戏的形式，使电视机内的角色和电视观众一起参与、共同经历，从而在心理层面建立起一种交往的状态，你中有我，我中有你。"任何文明的文化模式都利用一种潜在的人类目的和动机上的一定的断面……选择是第一要求，无选择，任何文化都不能取得让人理解的明晰度。"[①] 电视观众在观看节目的过程中，能够引发体验心理的是节目内外共同的思想观念、行为标准和共同的文化。每一个个体都无时无刻不在与他人的接

---

① ［美］露丝·本尼迪克：《文化模式》[M]，（何锡章、黄欢译），华夏出版社1987年版，第183页。

触、观察中了解着自我，一生都在探寻合理的方式，体验着不同的人生态度和行为模式，并在自我观照的过程中强化自我认同。

一、情感体验

情感体验是"镜像互动"的第一个层次。所谓情感体验，就是人们通过对自然环境、社会的感知与体验，体察与经历其中的过程，并在过程中思考与琢磨，这一过程浸淫着真实自我与"镜中自我"的互动。

举例来说，同一段音乐，不同的听者会体味到不同的情感，在脑海中浮现出不同的情境，听者之所以感味不同，是因为个体不同的经历、阅历，不同的情感表达。创作者亦是如此。梵高画《向日葵》，并不是在画桌子上的向日葵，他画的是自己脑海中向日葵应该有的模样，生机勃勃、色彩斑斓。也正是因为《向日葵》上留下了梵高的情感体验，它才成为不朽的名作。而观看者之所以久久驻足，正是内心相同的情感体验被唤起、被撩动。这使得观者能够读懂梵高，通过他的画作达到心灵的沟通，情感的认同。梵高在乡村生活了很久，他喜欢那里的人和故事，这段乡村生活的经历，也为他提供了大量的创作素材，成就了大量的乡村背景画作：《吃土豆的人》《麦田群鸦》《星夜》等，只有真正体验过，梵高才画得出一位村夫衣肤表面上百种颜色的泥土质感，指甲中藏着的岁月痕迹，生活给予面孔的清晰印迹。梵高的画作，总是在关注、表达着现实生活，梵高在谈到他的创作时，对自己的情感总结说："为了它，我拿自己的生命去冒险；由于它，我的理智有一半崩溃了；不过这都没关系……"梵高在一次与画家朋友的争执之后失去理智，割掉了自己的耳朵，并在一个月后完成了画作《割掉耳朵的自画像》。当人们徜徉在荷兰的梵高博物馆，经过一幅幅梵高的画作时，尤如看到了梵高一生的情感路径。而人们在观看的同时，又会展现不同的理解和感悟。鲁迅在《花边文学·看书琐记》中提到，"文学虽然有普遍性，但因读者的体验的不同而有变化，读者倘没有类似的体验，它也就失去了效力。"多么有感染力的文学作品，你不看则无法被感动；质量再高的真人秀节目，没有收视则一文不值，得不到任何回应。

再举一个例子，《偶像来了》第一集开场有一幕，是十位人气女星被直曝性格弱点的片段。只见谢娜指着宁静直言道："她最爱生气。"一句简简单单似玩笑般的总结，配上宁静略有尴尬又自我解围的大笑，如果观众之前没有看到《花儿与少年》中那个脾气又急又直的宁静，没有观看到宁静之前对其他成员的责难，是无法深入理解谢娜这句话引发的笑点的。真人秀像是十三集电视连续剧，虽然每一集都相对独立，但是选手的性格、特点都是观众在一集一集的观看中感受到的，没有一幕幕场景的累积，一场场情节的铺垫，观众就无法了解选手，也无法感同身受地理解其中的情绪，不能对于故事的发展做出判断，当然也不能品味到微妙的细节变化。生活中这样的例子也比比皆是。

电影《亲爱的》上影，观影时一片抽泣声。没有孩子的观众，只是被电影的故事、情感感动，被演员的表演感染。生活中的妈妈们观看时则会感同身受，作为母亲的情感一瞬间被打通，赵薇的歇斯底里，不肯放弃，没有自尊的委屈，让母亲对于孩子的复杂的爱展露无遗，一刹那就对这个人物产生了理解、同情和尊重，瞬间各种情感高度集中，在头脑中、胸腔内、身体内上下游动，身心合一吸收情感，而后释放，感知到了这部电影意义的丰满，得到一种精神上的满足与愉悦，这是真正的情感体验，不是置身事外的故事分享。心中没有爱的人，很难被感动。电影结束，灯光亮起，观众仍不愿离去，故事已经模糊，而那一刹那的情感体味却还在身体里，慢慢地消化，这是影像给予观众的综合的情感美。电影是将观众放置在黑暗的环境中，以屏幕的巨大和音响效果的逼真从生理上迫使观众在九十分钟的观影过程中，忘记身处的现实生活，沉浸到影像的情感营造之中。

电视真人秀节目与电影节目的表现形态完全不同，它不需要营造特殊的观看环境，恰恰希望观众能够将影像中的内容与现实中的自己连接起来，它不需要刻意的观看环境，它自身就是真实的生活，它呈现的就是角色真实的反应，真实的哭、真实的笑、真实的感动。正如刘惊铎在《道德体验论》中提出的"体验"定义一样，他认为："体验是人类的基本生存方式之一，是一种图景思维活动，是人类生存的基本方式，具有道德教育的价值。"真人秀节目引发的情感体验，是刹那间透彻心灵的顿悟、感兴。对于观众来说，只有体验过的情感才是真实的情感，感悟过的故事才与自己相关，顿悟到的意义才具有价值。概括来说，只有体验过的内容才是真实的，才有存在感，才能够在大脑中留下印迹。体验过的时间对于自我才有意义，体验过的内容才能够组合成自我意识的经验，转化为自我未来的记忆。体验是对自我情感的认知与肯定，是自我在外界的映射。

二、自我观照

自我观照是"镜像互动"的第二个层次。以电视真人秀节目为例，它给予电视观众的情感是复杂的，美与丑，善与恶，痛苦与享乐，爱与恨，彼此对立又相互依附，竞争与妥协，这些复杂的综合的情感给予了观众一种美感的享受。电视观众正是通过这种复杂、多元的情感，形成了客观世界与主观世界的统一和自我观照。具体而言，这种自我观照包含自我认同、泛化他人、意象世界和完整的情绪流体验。本节将从这四个方面分层阐述自我观照与"镜像自我"的关系。

1. 情感互通联结自我认同

电视真人秀节目中的情感互通强调的是角色与故事。"生活就是一场真人秀，你看看街上到处都是摄像头，心胸坦荡的人从来不发愁，城市中有一些规则要遵守。"羽泉的这首《121，齐步走》唱出了真人秀节目与世俗人生的异曲同工之妙。从某种意义上来说，人生就是一场真人秀。这也许正是观众对于真人秀节目痴迷的原因，节目就是人生，角色就是自己，如何游戏，如何生活，如何行动，如何选择？屏幕内外，是一个故事。河南卫视真人秀节目《文学英雄》中，作家蔡崇达写了《我的女神——姐姐》一文，提及一个他久久不能忘却的场景，"终于你第一次谈恋爱了，狠狠心花了十七块在那买了块粉饼，那晚涂抹着去约会，晚上回来，却发现脸肿得通红通红。我当时刚下晚自习，一回来看到你捂着脸呜呜地哭。我却笑得喘不过气，说，你怎么蠢得像猪，肿得像猪头。那是我这辈子最无法原谅自己的一句话。"接着他谈到自己对姐姐的感恩和愧疚，他说，"我心里想说但没说出口的是，其实你就是我的菩萨，其实你有着比我美丽得多的灵魂，我不知道该怎么形容你，但我想，或许你就是我的女神。"作者把心中那个姐姐写了出来，也把观众对于亲情的复杂感触描绘了出来，把对姐姐的愧疚写了出来，也把观众对于亲情的理解诠释了出来。

真人秀的观看过程虽然是观众的一种情感活动，但它以画面、声音的形式来进行传播，基于记忆、想象、联想、理解等复杂的心理活动，观众总是不自觉在头脑中勾画出与情感相对应的图景，来强化观看心理。观众的喜怒哀乐，是节目内容的牵动，也是自我情感的观照。没有音乐知识积累的人，再精彩的演奏也会感觉乏味；不懂得足球比赛规则的人，再精彩的球赛也只是无聊的游戏。

2. 角色互动推动"泛化他人"

角色互动推动"泛化他人"意在强调大众总是通过"他人"建构自己的角色。

观众在形形色色的典型人物的典型话语中，总是能够找到与自己相符合的价值标准，总能够在判断、表达一致的前提下，满足了观众"泛化他人"的内在需求。

在一般类型的电视节目中，表演者只是根据既定程式表达一个结果，而真人秀节目中的人物，包括主持人、选手、嘉宾等，借助行动感言、内心独白、旁白补充、事前事后的采访等电视节目表达技巧，常常面对镜头向观众坦露自己的内心，隔着屏幕与观众商量对策，直接表达对事情选择、判断时个人的标准，包括每一个行动之前的犹豫、顾虑和目的。荧幕上、节目内的人物，不再是一个与观众有距离的电视人物，而变成了一个与观众生活在一起，彼此信任、愿意分享的朋友。

电视真人秀节目与一般电视节目不同，它通过对角色全方位的情境再现，尽力将事情的起因、过程与结果，全方位、多角度地呈现给观众，它不仅用技术的手段多角度展现出事情的全貌，而且利用声音的处理技巧，将事情的前因后果交代清楚。与电视剧的话外音截然不同，真人秀节目以人物各自的立场表达态度和观点，纵向看，解释了事情起承转合的原因，横向看，则对比了不同人物看待事情的不同角度，处理事情的不同观点，看待世界不同的价值标准。一纵一横，参与真人秀节目的选手就构成了一个时代的人物切面图，比现实生活中对于人的理解更加透彻、具体。

在电视真人秀节目中，这种形式被最大限度地运用。素人在真人秀节目中，一般是通过采访的方式来表达自己的心理状态，明星在参与节目的过程中，则更容易适应"表演"自己的状态，他们愿意在镜头前暴露更多真实的自己，或者他们已经习惯与观众建立直接的联系。以《极限挑战》为例，节目中的部分成员都是在分享心情，耍宝卖萌，黄磊则从一开始就是在与观众一起分析局面，判断每一个队友的反应，并预测下一步的行动。在与观众的直接互动中，角色就像一个身边的朋友，观众从他们自述的心情与状态中就可以了解角色,通过对荧屏内外角色的"合二为一",观众与角色互动,"泛化他人"。

3. "意象世界"照亮真实世界

接受美学中运用精神分析法读解读者接受欲望的荷兰德认为,"读者阅读的目的不在于发现更多的文学,而在于从文学中发现更多的自我"。阿恩海姆也指出,"艺术的极高声誉,就在于它能够帮助人类去认识外部世界及自身"。[①]

与传统电视节目制作不同,真人秀节目的制作并不完全依赖于电视节目导演,更多的依赖真人秀中的角色及节目创作的每一位参与者。他们被称为节目的"第二作者"。不仅如此,性格差异,审美标准不同,行为习惯和认知能力等各方面的差异,使得每一个人物的创作都极富个人烙印,更难能可贵的是,这些"第二作者"都是即兴创作,他们不仅无法预知对手的戏路,甚至无法完全把握自己的表现,这使得整体节目呈现出戏剧化的情节,真实的反应和连贯的人物情绪,使得故事推进环环相扣,合情合理。

与戏剧不同,真人秀节目打造了一个真实世界的微观情境。这个真实世界也许正是观众身处的普通俗世,也许是观众无法窥见的其他阶层的别样人生。人们常说,生活比戏剧更狗血。在真人秀这一特殊的节目形态中,每一个情境的打造都是无法预知、无法控制的生活版本,它比戏剧更生动、更有趣、更与生活相依相生,因此,它更被观众认可。以东方卫视原创真人秀节目《笑傲江湖》为例,如果仅仅是展示一场又一场的喜剧演出,就回到了综艺节目的传统模式,这档节目的亮点却在于它的定位:"生活百般滋味,人生需要笑对。"这也是真人秀节目的精华,无论节目"秀"的卖点是什么,都会折射出生活本身的斑驳。一位名叫张雷的选手,将自己放置在一个四面遮挡的幕布中,只露出一张脸来惟妙惟肖地模仿婴儿的表情、动作、吃奶、哭闹、满足、高兴等等,仅利用五官就将打分评委和现场观众看得前仰后合,精彩的表演结束,张雷却拒绝了评委请他出来露出真身的想法,张雷一句话将现场欢快的气氛倒转,"我不出来,因为我

[①] [美]鲁道夫·阿恩海姆:《艺术与视知觉》[M],(滕守尧、朱疆源译),中国社会科学出版社1984年版,第636页。

怕我出来会吓到大家。"现场一阵静默后，张雷一脸常态地讲述了他的故事。张雷患有"脆骨病"，一次喷嚏，一个饱嗝都会让他骨折。因为频频骨折的缘故，张雷现在的身体已经萎缩成婴儿的模样。但他想通过表演告诉大家，帷幕遮挡的是残缺的身体，但遮挡不住追求快乐的心。节目没有故意煽动观众的情绪，没有刻意渲染人生的悲苦。其实，每一位选手都在用不同的方式诠释《笑傲江湖》作为真人秀节目的明晰定位："生活百般滋味，人生需要笑对。"

4. 节目情境驱动完整情绪流体验

黑格尔在《美学》中指出："艺术的最重要的一方面从来就是寻找引人入胜的情境，就是寻找可以显现心灵方面的深刻而重要的旨趣和真正意蕴的那种情境。"[①]

在中西方的艺术表达中，情境都是一个重要的概念。在电视真人秀节目当中，借助电视化的综合艺术形式，通过声音、画面的技术手段，声画情境的打造更为复杂，它不仅仅是对客观外在事物的重新组合排列，来激发大众观赏时的心理想象，还尽可能地运用声、光、电的现代科技手段对客观世界进行艺术化的修饰，将主观情境与客观情境相融合，来综合表达创作的丰富内涵。

真人秀节目中的情境包括直观的外部客观情境和隐约的内部主观情境。外部情境既包括真人秀节目的拍摄场景，也包括真人秀节目的游戏规则，这二者都是客观存在的外部规定条件。在节目最初设计时，游戏规则作为节目策划、制作的核心元素之一，已经被明确规定。节目的制作人、节目的参与者与观看节目的人，都已经清晰地被定义在外部情境中，外部情境明确地定义了游戏环节、动作线索、故事发生的主要脉络和主要场景。这是整个节目发生、发展的基础，是角色完成自我，展示自我的故事线索，是角色行动的客观条件，也是暴露角色性格特征的真实环境。内在情境是指个体的内在精神环境，即个体在社会中的角色、身份，及其规定下的内在情感的发展变化过程。内在情境又分两种，一种即参与节目的角色，其本身真实的身份特征。包括角色的年龄、性别、职业、性格、社会角色、家庭角色、社会关系、公众形象等角色本身带有的，为社会规范

---

① 黑格尔：《美学》第一卷。

所认同的身份指征，以及这些指征所带来的个体的欲望、情绪、动机、目的、态度、想法、情感、习惯等。

在真人秀节目中，外部情境定义使节目本身充满悬念，对于参与节目的角色和观看节目的观众，外部情境定义牵引他们进入其中，而内部情境定义是驱动他们智慧与想象的内因，观众和角色的互动建立在内部情境的融合和碰撞之间，角色忘我地投入游戏活动，将身体和精神都拉向极限，经常将个体推至失控状态，把最本真的自我转化为言行举止，以电视化的视听语言带给观众的同时，完整的情绪流体验也自然完成。

三、镜像思维

真人秀节目中的"秀"就是镜像，这里的镜正是"心如明镜台"中的心中之镜，是照见自我的一面镜子，是现实世界的折射。个体在真人与"秀"的往返关系中，建立起独特的镜像思维，既是自我对他人的旁观，又是镜像之我对于自我的映射。

存在主义哲学家萨特有一个著名的观点深刻诠释了真人秀节目中的"镜像思维"。萨特认为人总是通过现实世界建构自己的存在意识，这种存在意识与"他人"有着密切关联，充满"他人"对自己的期待、承担着对"他人"的责任。萨特眼中的人似乎都在倾其全力扮演一种角色，而且他说，"我时刻逃避存在，然而我存在"。他认为，这种人的自由本性在社会机器中被压抑的状态，显然是来自弗洛伊德的"潜抑"学说的影响。这种说法本来也是一种悲观的论调——弗洛伊德认为"一切心理活动皆由潜意识的冲动与社会（可理解为萨特的'他人'）对这种潜意识的压抑构成"。

萨特的名言"他人即地狱"，即是讲，当人的意志受到他人意志的干扰时，两种意志就陷入了一种水火不容的不可调和状态。举一个例子，人们看球赛，一个人因为一个球而叫好，另一个人则朝他投来鄙夷的目光，当前者看到后者的举动，他们的意志在此就产生了一种摩擦，前者则必然受到后者意志的干扰，而去思考是否要去寻求改变，而这种思考往往是无结果的，"我"的意志因为"他"的干扰而陷入了一种难堪的境地，这就是所谓的"地狱"。这有一个极端例证——作为"施虐狂"的法西斯政权即是强迫"我"的意志顺从"他人"意志。

无论哲学家如何阐释"镜像思维"，"镜像思维"都似乎有一组核心关系，即自我与他人。我们每个人必须透过"他人"来反观"自己"，"他人"是自己的一面"镜子"，映射出自己的行为和动机，并通过"他人"对自己的态度来矫正自己的行为和动机。即便是自己内心的活动也存在"主我"与"客我"的互动，"主我"总是通过"客我"的映射来反观和审视自己。正如"身是菩提树，心是明镜台"中的"身"与"心"的对应关系一样，"身"对应着"主我"，"心"是"客我"，"身"总是通过"心"的折射来反观、审视与净化自己。电视真人秀节目就是通过"他人"的秀，来观察与审视"自己"，形成二元对立的互动与观照。

观众在观看电视真人秀的过程中，存在两种相互交织的思维模式。首先，观众是电视荧幕前确定的节目内容的接受者，是他人世界的旁观者，是他人生活的评论者。观众站在自己的角度和立场，试图理解他人的生活和世界。围观表演者的旁观，实际上也是旁观者镜像中自我的映象。自我对他人的判断与他人对自我的判断碰撞融合，自我通过真人秀节目镜像转化为他人，他人又通过节目情感的体验与互动投射着自我。自我与他人，你中有我，我中有你，是一个不断互动又持续融合的过程。

在《非诚勿扰》中，电视观众在观看的过程中，透过台上性格、经历各不相同的24位女嘉宾，看到了丰富多彩的"他者"。这些"他者"是形形色色未婚女青年的代表。电视观众在看节目过程中，一方面是"旁观者"，即看这24个女嘉宾的表现，她们的穿着、装束、形象和表达，她们的观点，对于男嘉宾审视的目光和对于感情观的判断，观众以直观和直感来评判女嘉宾们的状态和观点，以通行的标准对一切细节进行审视和评断。另一方面他们又是"镜像自我"呈现者，即透过女嘉宾的选择看自己。观众设身处地地与24位女嘉宾进行换位思考，不停追问，她们为什么这么选择？选择的标准和动机？选择的目的和意义？是故意而为还是真情流露？是本真的展现还是表演的修饰？观众以女嘉宾的视角审视自己与他人的差异，不断质疑女嘉宾的行为、目的和表达的动机，并以世俗的判断标准衡量着女嘉宾行为表象背后的功利目地，并时刻与自我的选择、判断相比照，衡量着自我对于情感问题选择判断的边界，自我在社会中的位置和角色，自我行为方式的尺度，希望借助电视节目的镜像折射自我的本心。

镜像思维是"自我"与"他人"视角的跳跃，是本心与欲望的相互博弈。自我的本心只有在现象中才能够被折射、被彰显，而当我所认知的一切以意义的方式呈现于他者眼中时，同样的拆解和建构以不同的视角再次重复，"自我"成为对象，被看作他者，被肢解、组建、比照、延伸。"秀"是镜像，是具有功能性的自我认知的通道，大众透过真人秀节目的"镜像思维"，在自我与他人之间，往返穿梭。在电视节目中，"自我"成为《非诚勿扰》中的女嘉宾，成为了华丽舞台上追逐功名的《超级女声》。"自我"通过真人秀节目中形形色色的角色折射、呈现，又透过直接与间接的参与被表达和传递。

第三节　中国电视真人秀节目的审美贯通

> 我看见自己是因为有人看见我……他人在这里不是对象，也不可能是对象，而同时，我又仍然是为他的对象，但并不因此而消失。
>
> ——萨特《禁闭》

近年来，中国电视真人秀节目的勃兴成为了一种典型"现象"，这种现象深刻反映着媒介的内容传播与社会经济、政治、文化现状之间复杂的互动关系。媒介生态往往浸淫在由媒介、社会与文化构筑的"场域"中，折射出媒介文化建构的动态性与复杂性。从美学视阈出发，探讨现象节目背后的审美机制和审美原理，揭示节目创作的深层规律，具有实践探讨与学理观照的双重价值。

本节以拉康的"镜像理论"作为元理论，试图从电视真人秀节目的审美建构出发，讨论真人秀节目如何通过真人秀表演者与电视观众之间的互动搭建"自我"与"他者"、"主我"与"客我"二元对立的"镜像空间"，说明这一镜像空间又如何通过"秀"与"看"的双向互动完成审美活动的。在理论交代、框架搭建、线索梳理的基础上，本节将从美学的思辨维度分层阐释真人秀节目的审美贯通。这一组"问题单"大致如下：

（1）"秀"的阐释：审美的符号是什么？审美符号如何生成与分离？

（2）电视真人秀节目审美标准的边界何在？审美符号的趋同如何诱发符号的泛化，并引发我们对符号的反思？

（3）电视真人秀节目的审美贯通如何形成？"自我"（"自我"即电视

观众的"心")与"镜像自我"("镜像自我"即真人秀的"秀")的统一如何带来意义的建立与审美的贯通？

从美学理论视角出发，探讨中国电视真人秀节目的审美建构问题，发现电视真人秀节目的艺术表现始终存在一种审美符号编码与解码的张力。真人秀的审美活动正是由审美符号（"秀"的呈现）、符号的生成与分离（"自我"与"镜像自我"的对立统一）、意义的建立与审美的贯通（"心"与"秀"的统一）构成的，动态的审美活动达到理想状态就实现了审美贯通。这样一个高度抽象的审美过程恰恰反映了电视真人秀节目的复杂审美特征与规律，是电视真人秀节目美学价值与意义所在，也是本文研究的主旨所在。

一、审美的符号

电视真人秀节目强化与凸显的就是真人的典型，或者典型的真人。所谓"镜像"就是电视真人秀节目通过鲜活的真人案例"秀"出来的典型形象或故事，这是一个符号化的过程，用典型人物的典型故事塑造一种"美"。

提及真人秀，让人首先想到的就是"真人+秀"，即通过选择真实的人物，借助电视艺术表现技巧和画面表现形态，"秀"出一种"仿真"或"超真实"的艺术场景，达成"真""善""美"的统一。从美学视角来看，"秀"的主体与内容就是真实人物的典型，"镜像"则是真人"秀"出来的典型符号，真人与秀的重合就是人本身具有的两个维度（"自我"与角色中的"我"），它们互相依存、不可分割。无论在现实生活中真人的真实生活体验，还是在舞台上，真人通过"秀"艺术化地包装自己，真人与舞台角色中的"我"都是"合二为一"地存在，既相同又不同。正因为这样，"人"本身是模糊而多义的，是确定性与不确定性的统一，是含糊和清晰的辩证统一。

当真实生活中的人物通过"秀"出来的典型形象变成一种符号化存在时，不确定转化为确定，角色与身份暂时"定格"在舞台上，真人秀节目就借助一种游戏规则的制定，将真人的故事搬上舞台，催生了一种"秀"与"看"的审美体验。从表演者的维度来看，"真人"与"秀"对立统一，自我与"镜像自我"（角色）处于一种符号化与意义建立的互动状态中。

对于演员来说，他们处于"自我"与角色的临界状态，他们需要暂时摆脱自己的真实身份，进入角色赋予的"镜像自我"中。从电视观众的维度来看，电视观众在观看真人秀节目的过程中，也处于"自我"与"他人"（"镜像自我"）互动的临界状态，他们随着"入戏"，从"旁观者"悄然变成"参与者"，与角色互动。当上述临界状态被突破时，"秀"与"看"的审美活动就进入一种高级阶段，意义瞬间建立，审美贯通。

真人秀这一独特的节目形态与现实生活重合，它源于生活、再现生活，它从一开始就赋予了电视观众追问、思考与认知"自我"的权力，也借助真人的"秀"追问自己生活的意义。拉康的"镜像理论"深刻揭示了"真人"与"秀"的这种模糊性与交互性，大众运用镜像思维不断地探寻真与秀的边界和尺度，自我与他人，既互相独立又彼此融合，就如同真人秀中关于"真"与"秀"的探讨，真中有秀，秀中存真，无法割裂。真人秀就是大众对于"自我"想象的投射。

1. 符号的生成

与传统的电视节目形态相比，真人秀的节目形态是按照大众的普世价值观和标准话语体系建立的评判标准。它通过节目规则和场景设置截取现实生活的片段，选择典型角色模仿常态生活，通过一系列的电视语言技巧"秀"出现实生活切面中的典型符号。它是电视观众选择标准的集中体现和外化形式。

2003年，当《超级女声》第一次进入观众的视野，每一个在舞台上唱得响亮的女生都表达了普通人展现自我的理想。当她们展现出自我的局限，又不断地超越自我，电视观众陪伴、观看、评判、选择，是电视观众选择了谁可以代表自己，或者说，将她们从一群人渐渐地变成了几个人：李宇春、张靓颖、周笔畅、尚雯婕等。这些普普通通并不耀眼的女生，却是观众自己评判出来的形象代表。是这个场域中的典型的形象，是通过"秀"镜像出来的典型的符号。能够在千百个女生中脱颖而出，由电视机前几亿观众的集体选择，她们的"秀"的表达、形式、尺度和标准，是观众能够挑选出的最佳方案。她们是观众在有限空间内，对于自我在现实世界中能够想象到的表达的最好诠释，她们就是观众自己，她们的情感与观众互通，她们的成长与观众同步，她们对于自我的诠释是观众假定的目标和方向，她们是偶像，是初心，是理想，是现实映照之下的不完美中的完美，是作为"秀"出来的典型的符号。在成熟的真人秀节目中，这样的典型符号随处可见，它是真人秀节目被大众接受、认可的驱动力。

《非诚勿扰》24个女嘉宾座席中，每一个位置都是社会上大龄女性的代表性符号，高知代表女博士、男性特点装扮的中性女人，白富美的代言人，言辞犀利的直爽女，温柔如水的小女人，胆大泼辣的熟女代表等，为了强化观众对于她们的认可，这些极具特征的女性形象被放置于固定座位之上，虽然节目中的面孔在改变，但面孔代表的典型符号的意义相同，符号所凝聚的能量一致。

据此可以说，《爸爸去哪儿》是父亲育儿经验的观照，《极限挑战》是在身体极端消耗下对于人性美丑善恶的试探，《舞动奇迹》是人们对于身体形式美的理想追求，《笑傲江湖》是在残酷的现实生活中寻找积极、乐观的生活态度等。真人秀节目与观众的紧密互动，使这些"秀"出来的典型符号能够为大众代言，表达大众的心声，完成大众的表达，诠释大众的理想。

2. 符号的分离

无论明星还是素人，当角色仅仅作为普通的真人秀节目参与者，并没有被大众寄予情感和理想，这时的角色还只是真人秀节目发展中的一颗流沙，只有那些被大众持续灌注情感，能够代表大众普遍心理和理想的角色，才会成为某个视域中的符号的象征。而角色一旦成为镜像折射中的典型符号，具有了某种能量，那么符号与角色的本我就自动分离了，符号具有了大众理想化的独立的意义，它成为真人秀中"秀"的典型。

回到《超级女声》，当张靓颖、李宇春、周笔畅、尚雯婕作为"秀"的典型走向璀璨的梦幻舞台时，台下万众齐声呼喊、疯狂追捧，"张靓颖""李宇春""周笔畅""尚雯婕"这些名字已经成为符号的名称，具有了独立意义的能指与所指。它不在是现实生活那个怀有喜怒哀乐的肉身实在，它具备了所指和能指的全新的阐释。所指是年轻人对于梦想的坚持、逐梦的美好愿望，能指则可以是现实世界中灰姑娘寻梦的演绎版本，也可以指一个允许张扬个性的时代个体情绪的释放，或者指大众以投票的方式在真人秀节目中抢夺了媒体的主控权等等。符号的所指是有限的，能指是无限的，所指是确定的，能指是不确定的，所指的有限往往不能代替能指的无限，而能指的无限才是真人秀节目的价值根本，所指的确定性与能指的不确定性，组成了真人秀节目形态的艺术价值。

真人秀的"秀"的典型作为符号，与"典型人物"是不同的概念。

典型人物，指小说、戏剧等叙事性艺术作品中塑造的具有典型性的人物形象。指那些具有鲜明特点的个性，同时又能反映出特定社会生活的普遍性，揭示出社会关系发展的某些规律性和本质方面的人物形象。典型人物的共性一般都带有阶级性，而且带有某一时代、民族、地域、阶层的人物所共有的属性。举例来说，曹雪芹名著《红楼梦》中创造的贾宝玉、林黛玉、王熙凤等等，就是古代封建社会中的典型人物；鲁迅名著《阿Q正传》中创造的阿Q，就是辛亥革命前后中国社会麻木的底层人群的典型人物；巴尔扎克名著《人间喜剧》中创造的葛朗台，真实地反映了1818—1848年典型的法国原始积累中的资产者。[1]

真人秀中"秀"的典型，与"典型人物"完全不同，"秀"的典型，是真人秀的镜像自我的折射，是大众内在的自我探索，是自我对于未知世界的具象表达，"典型人物"是社会、国家建立的精神理论的投射，是从生活中抽象出的理想，他对于大众生活具有指导性。

具体说来，二者之间的区分可以从以下几个方面做出：

1. "秀"的典型是大众评选出的，与大众情感互通、相伴，是它与时代的紧密结合；"典型形象"是小说中提炼出的生活的高度凝结，它与生活的本真有脱离，它高于现实生活。

2. "秀"的典型是大众中的一员，是大众镜像的折射，是理想化的大众呈现，它是大众内在的自我探析；"典型形象"不是由大众生发来的自我探索，而是社会树立的大众理想，它高于大众。

3. 大众以平视的视角看待"秀"的典型，却以仰视的视角面对"典型人物"。

"秀"的典型是大众内在自我的外化，是时代背景下，大众对于自我某一方面的理想表达，它的情感与大众融通，它的形式与大众一致，它就是大众的代表。

---

[1] http://baike.baidu.com/link?url=icd2TTbs03P0Qqigex2LIXV43JQlLqAKDtByqxfzlqI-GNzVUZNXYNNkcB9rgLJkxTfUcu7mGv62UpkQiz8OsK。

二、符号的泛化

"秀"出的典型一旦成为符号，便将反作用于大众审美心理，从而建立美的标准。它诠释美的意义，它引领大众的精神方向，它创建大众的灵魂家园。而反观目前电视荧幕上的真人秀节目"乱象"，我们提出的真人秀"符号"的泛化使用。真人秀作为这个时代最强势的节目形态，"秀"的典型作为符号，引发了大众的追逐，已是不争的事实。"秀"的典型转化为明星，大众的追逐被称作"粉丝"。怀抱着对于"自我"持续迷恋和追逐，真人秀节目形态制造了电视节目粉丝数量、效益的新高。

粉丝会为了自己所喜欢的节目和偶像自发地参与到与其相关的各种活动中来，这就是粉丝经济的最大特点"参与感"。随着湖南卫视真人秀节目《爸爸去哪儿》一集集播出，官方微博媒体会发布与节目相关的各种内容，如节目播出时间、节目正片外的花絮等。同时，微博还注重与参与者们的互动，通过转发或@他们，实现各种信息的传播扩散，达到宣传节目的目的。微博也会发布一些暗示机会较少的活动，诱使粉丝发生消费行为。真人秀节目受众虽然年龄范围比较广泛，但其中会发生消费行为的一般是青年，他们追求时尚和新颖，在消费上容易感情用事，行为具有感情色彩，常常会进行极具个性的消费行为。

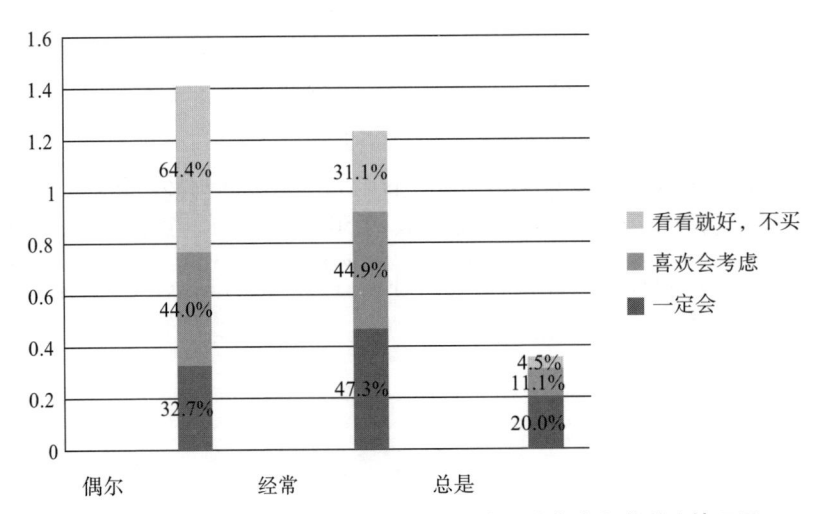

图 4.1　真人秀观看情况与购买明星同款产品消费意向关联度情况图

由图 4.1 可知，对于北京市民发放的 503 份问卷中，经卡方检验发现，不同真人秀节目观看程度的受访者在是否购买明星同款产品上存在显著差异（sig < 0.001，C ≥ 0.325）：经常观看的受访者与其他观众在一定会购买明星同款产品的意向上，显著高于其他群体，占比达 47.3%。

同时，年轻化的粉丝群体的消费活动主要是追求商品的文化价值，因此如《超级女声》一样的真人秀节目会在传播和宣传中除了打出参与者成为偶像后本身附带的文化指标之外，还会强调"想唱就唱""青春无敌，敢于追梦"的概念，从而让目标受众能够尽可能地在文化价值上达到共识。

表 4.1 年龄差异与模仿真人秀方法情况表

		你会模仿真人秀里面的						
		语言	动作	做事方法	穿衣风格	生活方式	不会模仿	合计
你的年龄	11~20	32.70%	21.70%	15.70%	16.70%	32.30%	20.50%	23.30%
	21~30	51.80%	56.50%	57.10%	43.90%	35.50%	32.10%	47.40%
	31~40	9.10%	10.10%	22.90%	31.80%	22.60%	37.20%	21.20%
	41~50	5.50%	7.20%	2.90%	4.50%	6.50%	6.40%	5.40%
	51~60	0.90%	2.90%	1.40%	1.50%	0.00%	2.60%	1.70%
	61 以上	0.00%	1.40%	0.00%	1.50%	3.20%	1.30%	0.90%
合计		100.00%	100.00%	100.00%	100.00%	100.00%	100.00%	100.00%

由表 4.1 可知，经卡方检验发现，不同年龄段模仿真人秀方法上存在显著差异。在对北京市民发放的 503 份调查问卷中，（sig < 0.03，C ≥ 0.325）11~20 岁的观看者模仿语言类较多，占比 32.7%，年龄 21~30 岁的观看者模仿动作类较多，占比 56.5%，年龄 31~40 岁的观看者认为不会模仿占比较多，占比 41~50 岁的观看者，模仿动作类占比较多，占比 2.9%，年龄 51~60 岁的观看者认为不会模仿语言以及做事方法。

全民进入一个狂热"秀"场，在追逐真人秀节目、追逐明星中情感全面释放，在真与"秀"的互动关系中，"秀"被无限地放大，与此同时，真的位置与价值被忽视。"秀"是真的镜像折射，真人秀的符号是真与"秀"的结合，是二者的辩证统一体。没有真，就没有"秀"，单维度地放大"秀"的作用,则真人秀符号就失去了最初的意义,脱离了大众对于内在自我的深入思考。

1. 符号的趋同

"秀"的夸张与放大,大众对于"秀"的执迷,使得真人秀中"秀"的符号逐渐脱离了真的基础,符号没有了内在的驱动力,为了"秀"而"秀","秀"不仅是形式,也是内容,"秀"的意义被泛化了。

"秀"的泛化也带来了真人秀节目策划与制作上的盲目,目标渐行渐远,节目衡量的标准也变得肤浅而单一,仅仅使用经济杠杆来测量节目的质量,为了提高收视率无底线地娱乐观众,把观众的需求看成是经济的风向标,为了满足观众而制造悬念、编撰卖点,不顾及观众深层的自我内在精神需求,不斟酌美丑的差异与表达,真人秀节目内容不再是一种扎根于现实生活的艺术化形态,不再遵循"艺术化人""文化养心"的价值标准,而是致力于"化钱"的纯功利目的中。

符号的泛化使得电视真人秀的观看过程不再走心,越来越多的节目流于表层的嬉笑打闹,越来越多的观众被引导观看头脑简单、美丑不分、缺失文化内涵的节目。不是所有的真人秀节目都必须承担文化教化的职责和功能,但占主导地位的真人秀节目却责无旁贷。

2. 符号的反思

符号的泛化引发了业界的反思,我们究竟要为电视真人秀节目树立怎样的符号?什么符号可以代表大众深层的自我剖析与自我建构的理想?如何规范真人秀节目的制作与播放,使得节目更多元、更丰富、更有益?

举例来说,《奔跑吧,兄弟》将拍摄场景选择于某馆藏丰富的博物馆中,当备受瞩目的明星们面对历史珍宝无所顾忌、撒欢奔跑、喧闹无度时,真、善、美在哪里?观众如何能在节目的观看中镜像自我,互动思考,审视当下,观照现实?在《花儿与少年》《女王来了》等一大批主打明星牌的真人秀节目中,尽量借助角色的关系、规则的高置,建立悬念,制造冲突,使节目具有一定的可视性,但明星资源的过度消耗,明星视角的狭隘,明星姿态与生活本身的脱离,都使这些节目无法触及观众的本心,而流于肤浅的表面繁华,最终不过是节目出品方的一次商品交易。

电视真人秀节目作为传统节目形态的集大成者,它汇集了多种节目形态的优势，它出生于活泼生动的现实世界，成长于大众情感的体验互动中，它有着丰富的表现手法与表达形式，它是大众对于自我探究的场域，是大众了解自我以及人本心的通道与媒介，它有着文化传播的特殊使命，它不是纯粹的娱乐节目，而是以娱乐的形式观照着大众的本心。

《笑傲江湖》作为东方卫视推出的王牌真人秀节目，给予了我们惊喜。参赛选手张雷充分运用面部的肌肉系统惟妙惟肖地模仿婴儿的表情，引发观众和评委的阵阵掌声，但真正的故事才刚刚开始，表演结束，在评委几次邀请他从幕后走出时，张雷终于说出身患"脆骨病"，四肢已经畸形，甚至一次轻微的咳嗽都会引发身体的骨折，虽囿于常人难以想象的困境，但他却微笑面对，对生命充满渴望。这才是这个节目所带给观众的最大价值，它真正震颤到观众的心灵，引发观众对于自我、生活和生命本身的思考。

电视真人秀节目《笑傲江湖》能够运用大众耳熟能详的小品、相声、快板等表演形式，歌颂生活中的真、善、美，诠释生命的真谛。正如节目的口号："生活百般滋味，人生需要笑对。"观众在观看的过程中，是心与"秀"相互融合的过程，并通过节目内容的推进，使心与"秀"合二为一，建立意义，产生审美愉悦。

三、意义的贯通

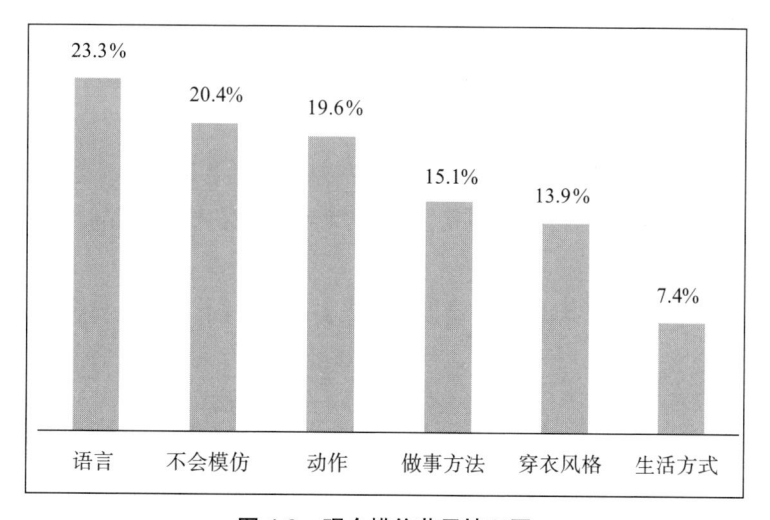

图 4.2 观众模仿节目情况图

语言	不会模仿	动作	做事方法	穿衣风格	生活方式
23.3%	20.4%	19.6%	15.1%	13.9%	7.4%

传媒领域发展迅速，今日媒介的力量已经较为直接地影响到了整个社会的步调。媒介的影响力，主要是指在传播活动中，对观众在其认知、倾向、意见、态度和信仰以及外表、行为等方面所起的一定程度上的控制作用，这也指代了媒体人拥有使用他们较为熟悉的媒体语言来影响、左右他人行为方式的能力。

如图4.2所示，根据对北京市民发放的503份调查问卷的数据分析，受访者会模仿真人秀节目语言的占23.3%，模仿节目中动作的占比19.6%，模仿节目中做事方法的占比15.1%，模仿穿衣风格的占比13.9%，模仿其生活方式的占比7.4%，而完全不会模仿的仅占20.4%。

但在市场经济的背景下，电视从业者对于电视节目的市场影响力的追逐超越了社会影响力的需求。通过调查我们发现，不同真人秀节目收视频率的受访者，在是否购买明星同款产品上存在显著差异，经常观看了节目的观众与其他观众在购买明星同款产品的意向上，显著高于其他群体，占比高达47.3%。这也使得电视节目的内容生产偏向于对节目市场占有率、收视率、广告商的吸引力的盲目追求，急功近利的文化生产心态导致了媒介产品趋向同质化。

可以说，《超级女声》促使一大批"选秀类"节目的不断涌现，如《快乐男生》《加油！好男儿》《绝对唱响》《我型我秀》等等，此类节目在形式与内容与《超级女声》呈现同质化，缺乏创新性，一直到《中国好声音》的出现，才调整了观众对于此类节目审美疲倦状态。但是真人秀节目内容同质化的现象并没有因此改变，这样的例子不胜枚举。由《非诚勿扰》的成功引发来大量的情感速配类真人秀节目，由《爸爸去哪儿》的成功掀起的亲子类真人秀节目热潮，由《奔跑吧，兄弟》牵引出的一批户外游戏类真人秀节目，等等。

电视荧幕上同质化真人秀节目扎堆儿，使得大多数真人秀节目的生存空间局促，为了抢夺广告投放，真人秀节目的制作出现恶性竞争，不顾及真人秀节目内容与现实世界的关联性，而一味地强调"冲突""戏剧性"、"眼球效益"……使得真人秀节目的内容中出现了暴露、怪诞、脱离生活实际的瞎编乱造，假宣传造势，角色过度明星化，制造话题过于猎奇等等。这些问题不仅使得真人秀节目整体制作水准下滑，而且对观众审美心理产生了负面的影响。

真人秀节目的价值在于节目与观众的互为与互动，观众的关注使节目持久，节目的镜像互动对观众的自我生成起到潜在的作用。真人秀节目的意义产生于"自我"与"镜像之我"的贯通。真人秀内容的呈现必须来源于活泼的现实世界，角色是现实世界的"秀"的典型，游戏规则能够逼迫出个体的本心，场景设置要艺术化地创造情境，总之，观众要能感到的是与自我相通、相生、互为、互动的制作内容。

从心到形，是人外化的言语行动，真人在"秀"，是现实生活中秀出来的自我，形与秀的统一即是个体的贯通，这既是自己的心与自己的形的贯通，也是自己的心与大众所认可的"秀"的形象的贯通。则个体的意义建立，伴随着意义的充盈，中国电视真人秀的审美建构完成。

1. 自我与镜像自我的统一

自我与镜像自我的统一，即真与秀的统一，它既在荧幕之上，也在荧幕之外。

荧幕之上，自我是观众，是真人秀节目的直接需求者，真人秀节目的策划和制作一方面要能够兼容观众的情感、审美、成长等内在需求，另一方面，需要艺术化的技巧让观众在悦心悦目的观看中，直观到镜像中的自我，能够透过荧幕，与自己对话，或深或浅地碰触到自我的本心，并以旁观者的姿态审视自我又欣赏自我，总之，能够引发观众与节目之间的镜像思维，并通过相互之间的互动而达到自我与镜像自我的统一。

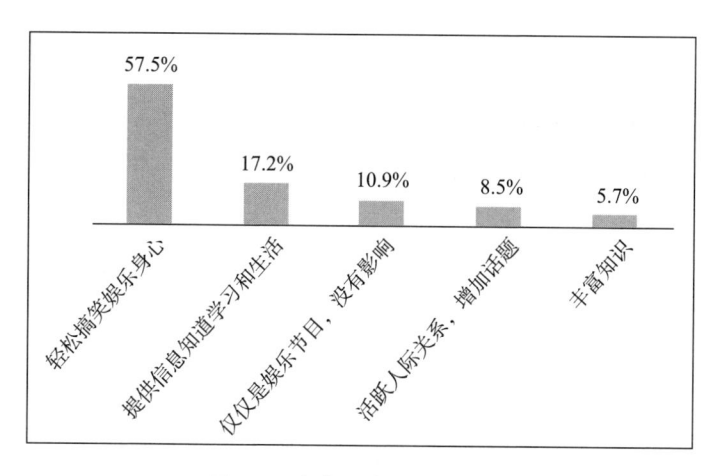

图 4.3 真人秀节目影响因素图

荧幕之外，自我是观众的本心，是深藏于意识和潜意识之中的真我，镜像之我是他人眼中的自我，是自我外化为言行举止组合成的那个"我"，在现实世界之中，我的言语行为是一种生活中的"秀"，"真"与"秀"的统一才能够完成"我"作为"人"的意义。

如图4.3所示，在我们所调查的503名真人秀节目观众中，认为观看真人秀节目仅仅是轻松搞笑，娱乐身心的占比57.5%。而进一步的调查数据则显示，仅有7.4%的观众完全不受真人秀节目的影响，其他观众则不同程度地模仿节目中的语言表达、动作行为、做事方法、穿衣风格、生活方式等。普通观众并没有意识到，真人秀的观看会对自我的建立形成潜移默化的影响。

当真人秀节目作为微观真实世界的镜像，充斥着脱离实际生活的假、丑、空等内容，荧幕之中的角色，不会被大众认可，荧幕之外的观众，如何寻找真我和本心？媒介是有力量的，真人秀节目借助强势的媒介力量，能够迷惑那些"自我"尚处于糊模状态的观众，更多地影响到成长中的年轻人，对于他们的审美产生误导，以"丑"为美，以"恶"为善，以"自私"为处事原则，以"欲望"为行为驱动，则真人秀的意义就不存在了。

意义的建立是自我与镜像自我的统一，要立足于浩瀚的中国传统文化，寻觅自我诞生的历史背景，传播人内在的对于真、善、美的需求，明晰人的本质，从而，达到电视真人秀节目与大众的正向互动，相互滋养。

秀与心相通，则意义确立。

2. 自我与镜像自我的贯通

自我与镜像自我的贯通，即真与秀的贯通。

大众在与电视真人秀的镜像互动中，自我与镜像自我展开了对话。个体对于自我的迷惑是一个自我探究的过程。透过真人秀的节目内容与节目形态，大众观察自我、研究自我、尝试调整自我，又依照本心坚持自我。

个体是秀与真的统一，生活舞台与真人秀建立的场景一致，它提供了个体表演与表现的空间，真是内在的自我，是大众一直在探测的本我。在真人秀引起的镜像思维中，个体不断地探测秀的尺度与边界，秀的形式和效果，秀既是社会道德规范下的个体呈现，也是自我保护的方法和手段。

秀与真的双向互动，它的边界在哪里？它对于个体的认知和表达有没有尺度？作为真人秀节目中的角色，为了得到角色本真的情感、本真的选择和本真的心理活动曲线，真人秀制作团队会设置近乎苛刻的节目规则，寻找或制作极端的节目场景，其目的都是为了逼迫出角色的失控状态，从而使角色的本心暴露，为观众所获得。角色在节目中濒临崩溃又努力克制的种种心理，是真人秀节目制造出来角色的临界状态。临界状态是角色自身真与秀的尺度和把握，多一步可能使角色显得世故，少一步可能又使角色暴露出愚钝。这多与少之间，是角色自我与镜像自我的统一、和谐。

　　大众对于自我和镜像自我的把握也在于此。通过真人秀节目引发的镜像思维，大众在自我—他人—镜像自我的反复思考中，尝试、认知、反思、调整镜像自我，一点点接近本我，最近抵达自我的临界状态，并努力突破自我的局限性，达到自我与镜像自我的贯通，即自我与镜像自我（他人眼中的我）达到一种和谐、融合的状态。而自我与镜像自我统一、贯通的内在驱动力是什么？就是人本心的共通性，即人内在对于真、善、美的需求、向往，是自我情感的净化和升华，也就是审美。自我与镜像自我的贯通，正是美的贯通，是自我与镜像自我的合一，是人到达通透、无我的境地。

　　自我与镜像自我的贯通，就是他人即自我，自我即他人。这是对于意义的贯通的狭义理解，意义的贯通不仅仅是自我与镜像自我的圆融，更是自我与环境、社会、天地的贯通，这是意义贯通的最高目标。

　　真人秀节目是电视节目形态的集大成者，是这个真实世界的镜像映射，它能够包罗万象，也可以大有作为。

　　电视真人秀节目是舶来品，它的出生带着西方的价值观和审美标准，它可以将西方的文化传进中国，却不能够替代中国文化本体。中国有五千年的厚重文化，中国文化生长在每一位中国人的骨头之中，流淌在每一位中国人的血液里，中国传统文化的精髓是中国人审美的本体。通俗地理解，就是面包、牛奶可以食用，但饺子、稀饭才令我们的胃舒展、温暖。

　　中国电视真人秀节目独特的节目形态，要把握住中国人的审美本质，要深思中国传统文化传承的意义，将其融入节目的制作之中，把握住中国人的审美共通性，创作出烙印着我们自己优秀文化的中国真人秀电视节目，进入中国电视真人秀的"原创时代"，才是贯通的终极意义和最大价值。

　　意义的贯通，是自我与镜像自我的统一、贯通，更是自我、他人、镜像自我（他人眼中的我）与自然、环境的贯通，与文化的贯通，我们呼吁并期待着中国电视真人秀的下一个辉煌时代。

结 语

中国电视真人秀与大众之间的相互关系,是这篇论文提出的核心问题,我们将其复杂的依存关系凝练为:互为与互动的镜像。这一论述中的关键词有:电视真人秀、互动与互为、镜像和审美。那么它们之间有哪些内在逻辑关联?或者说,我们去研究他们之间的关系,其意义何在?

电视真人秀作为一种独特的电视节目形态,1996年作为舶来品进入中国荧幕,2003年才进入大多数的中国观众视野。最初,我们对于它的认知非常狭窄,它被仅仅定义为一个游戏的记录和展现,或者一段特殊环境下故事的发生、发展。业界和学界对于真人秀节目的真正关注,是从《超级女声》引发的高收视率和高关注度开始的,它几乎超越了所有的常态电视节目,甚至可以和春节晚会一争高下,它还是一档普通的电视节目形态吗?它是谁?

我们的研究正是从电视真人秀的定位开始的。我们不认为真人秀仅仅是一档电视节目新形态,而认为,真人秀是电视节目形态的集大成者,它涵盖了其他节目形态的全部优势,包括纪录片的真实、影视剧的冲突、传统综艺节目的娱乐元素,等等。我们强调,真人秀节目是与现实生活异形同质的,它是现实生活的镜像映射,是能够引发大众与自我对话、交流的平台和媒介,它对电视观众的影响也是大众自我成长、成熟的潜在方式。所以,它并不是一档简单的电视节目,它强化了媒介的力量,改变了视听的习惯,影响了大众的行为方式,对于视听媒介下成长起来的"'90后"、"'00后",更是有着巨大的影响力。

我们以拉康的镜像理论为元理论,以叙事学中的故事形态学作为观照,以使用与满足理论作为辐射,从人性的自我认知过程为驱动点去观察大众观看节目的思维模式,总结出电视真人秀节目的动态叙事结构,并呈现了电视真人秀节目的审美建构。最终,我们从审美的视角出发,分析和探讨了中国电视真人秀节目形态的审美特征和生成规律。

拉康将婴儿出生后第6~18个月的时间称为"镜像阶段",这个时期是婴儿意识确立的阶段。从"镜像阶段"开始,婴儿通过照镜子认识到了"他人",并通过"他人"的反应,建立了"自我",在之后不断成人的过程中,"他人"的目光始终是"自我"认知的一面镜子。拉康更关注人与人之间的关系,他的"镜像阶段"理论正是深刻揭示了"自我"与"他人""他人眼中的'自我'"之间的对立统一关系。

根据中国电视观众家庭收视分析,我们发现,电视媒介是中国观众认识世界、认识他人、认识自我的一种习惯性方式,从电视中获取的一切,对于电视观众来说,是一种拉康式的镜像体验。中国真人秀节目旺盛成长的黄金十年,也正构建着中国电视大众与现实世界的另一种沟通,通过电视荧幕这个拟像的"镜子",形成了大众与他人、与世界、与自己,互为与互动的镜像体验。自我是谁?他人又是谁?当真人秀把真实世界镜像为具体的角色、情境、语言和选择时,荧幕变成大众照见世界的那面拉康眼中的"镜子",角色成为镜子中的"自己",真人秀的意义就不单单是一种新的节目形态,它陪伴了自我的成长,见证了他人的意义。

基于此,我们针对中国电视真人秀节目研究提出了一组问题单:不同的真人秀节目会带给大众怎样不同的情感反应?他们的反应是由什么引发?为什么有些真人秀节目会被大众迅速接受,有些却悄无声息?大众对于真人秀节目的兴趣是主动出现还是被动引发?真人秀的节目形态会带给大众怎样的思维模式?全民追逐真人秀的狂热中,大众的行为和思想如何被影响?

这些问题是表象化的呈现,它们的回答并不直接,问题的答案正隐藏于一组关系图谱之中:人、真、秀三者的关系,即自我、他人与镜像自我(他人眼中的自我)之间的关系。这也是本文论述的核心。

我们提出,自我、他人与镜像自我的关系,在真人秀节目荧幕与现实世界组合的镜像空间中,呈现出彼此折射的镜像思维模式。他人中有自我,自我中有他人,自我与镜像自我是真与秀的对应、结合。镜像空间和镜像思维模式也是真人秀节目形态的鲜明特征,真是真情、真事、真言语、真行动、真选择。人是现实生活中的真人,是直接从活泼的世界中抽取出的某一类型角色的代表。秀是"'他人'眼中的自我",是舞台上的表演，是生活中自我的外在呈现。在观看真人秀节目的过程中，镜像思维促使大众不断地转换观察的视角，以自我、他人、他人眼中的自我三个不同的视角，去观察、思考、比照，并对自我做出调整。真人秀节目这一独特的电视节目观看体验，这是由"镜像空间"的内容制作模式决定的。真人秀节目内容的制作规则由它的核心元素决定，它的核心元素是三个明确的定量，即参与角色、游戏规则，和时空关系，但是这三者并没有搭建出一个封闭的内容空间，而是借助于角色功能的不同、规则中具体任务的设置、内景与外景组合的时空关系中的情境再现的艺术表现不同，将真人秀节目"镜像空间"思维模式下的内容制作变成了一个开放的强大语义注释功能的元素场，借用这个场中确定性的核心元素和不确定性的节目创造力，可以将世界上的所有内容融入其中，可以谈论人与人、人与社会、人与自然之间的所有话题，它既界定本质又模糊边界，既确定形态又不确定具体内容，既规定叙事主线又不限定叙事方向，于是，电视真人秀呈现出一条动静交错的动态叙事脉络，并通过独特的思维模式和开放性的叙事结构，建构了电视真人秀节目的独特审美，美是多义而模糊的，是情绪流的起承转合，最终，是对于自我和镜像自我的统一和贯通。

自我、他人，与镜像自我，是互为因果、相生相伴的一组对应关系，通过对这三组相互关系的分析，从审美的核心视点出发，我们分析和探讨了电视真人秀节目的审美特点和规则，并得出结论：

第一，中国电视真人秀在大众与节目之间搭建起独特的镜像空间，并激发了循环往复的镜像思维。

中国真人秀节目旺盛成长的黄金十年，建立起中国电视大众与现实世界的另一种沟通，通过电视荧幕这个拟像的"镜子"，形成了大众与他人、与世界、与自己，互为与互动的镜像体验。大众通过真人秀这面真实世界的镜子，看到自己，同时也看到他人；在审视镜中自己的同时，比照着自我与他人的关系，并在比照中确立标准，调整自己。自我是谁？他人又是谁？当真人秀把真实世界镜像作为具体的角色、情境、语言和选择时，荧幕就变成大众照见世界的那面拉康眼中的"镜子"，角色成为镜子中的"自己"，真人秀的意义就不单单是一种新的节目形态，它陪伴了自我的成长，见证了他人的意义。

电视真人秀节目是一个魔镜，它把"现实"表演给电视大众看，它在情境化的空间中秀出了许多鲜明的面孔，在精心打造的拟态环境中逼迫出一个失控的状况，用选择描绘出面孔的本心，又在环环相扣的叙事逻辑中，让大众沉浸其中，他人与自我融为一体。电视大众在电视真人秀中看到了常态社会中隐藏着的"现实影像"，而在电视荧幕的镜像映射下，这电视荧幕中的"现实"使电视大众更具有反思的力量。

第二，从真人秀的"秀"与电视观众的"看"构筑的多元"镜像空间"出发，着重探讨镜像空间的内容建构，并拆解了真人秀节目的组合元素，提炼出了电视真人秀节目的动态叙事结构。

电视真人秀的节目形态是确定的，节目的表达是不确定的；节目元素是确定的，元素的表现是不确定的；节目的声音与画面是确定的客观存在，其传达的意义是模糊、不确定的；参与的角色是确定的，角色的反应是不确定的；节目的录制是确定的，录制的情境是不确定的；节目的播出是确定的，其意义的解读是不确定的。电视真人秀节目中确定性与不确定性的矛盾，决定了节目情节的偶然性与必然性的统一，节目内容的现象性与本质性的统一，节目认知的准确性与模糊性的统一，节目读解的现实性与可能性的统一。

第三，电视真人秀节目"镜像空间"和动态叙事结构下的审美建构。

电视真人秀节目中的"真""人""秀"和真、善、美的对应关系立体呈现了真人秀节目的创作原理和审美心理动机。从审美视角来看，电视真人秀节目就是由嘉宾、演员、主持人和电视观众"合谋"、共同参与的真人秀场，由表演者与电视观众之间做复杂心理互动，建构了具有独特审美意象的丰沛空间。无论是作为表演者的"人"，还是作为欣赏者的电视观众都受到独特审美机制的驱动，浸淫在电视媒介、社会、文化构筑的节目审美场域中，沉浸于互为与互动的多维审美镜像空间中，分享着世间悲欢离合、人情冷暖，传播着大爱无疆、大美无价。这一审美心理活动具有学术价值与实践价值的双重观照。

综上所述，通过对中国电视真人秀节目历史与现状的回顾与鸟瞰，通过其与其他节目形态的横向比照，我们完成了电视真人秀的内在驱动力的解读，搭建了电视真人秀节目的镜像空间建构，以及在此基础上开放性的内容建构空间和它所形成的动态叙事结构，并最终建构起中国电视真人秀和大众之间互为与互动的审美机制，自我与镜像自我之间的依存关系。

参考文献

1. 出自《孟子·公孙丑下》。

2. （2006"选秀大年"中国国民性格悄变？）星岛环球网 www.singtaonet.com, 2006-05-19。

3. http://61.14.130.131/culture/review/headline/t 20060519317216.html。

4. ［美］鲁道夫·阿恩海姆:《艺信与视知觉》,（滕守尧、朱疆源译）,中国社会科学出版社 1984 年版,第 636 页。

5. 尹鸿:《娱乐旋风——认识电视真人秀》,中国广播电视出版社,第 47 页。

6. 郑宜庸:《审美之难——电影的一种特殊表达与观看心理》,中国电影出版社,第 11 页。

7. 布兰达·马修斯:《戏剧创作的原理》。

8. Annette Hill、赵彦华:《流行真人秀——真实电视节目受众的定性与定量研究》。

9. 尹鸿:《娱乐旋风——认识电视真人秀》,中国广播电视出版社 2006 年版,第 6 页。

10. 郭恋恋:《关于真人秀的理论分析》,［新闻爱好者,2010（3）:30—31］。

11. 苗棣、毕啸南:《解密真人秀——规则、模式与创作技巧》,中国广播影视出版社,第 60 页。

12. 生物圈 2 号（Biosphere 2）是美国建于亚利桑那州图森市以北沙漠中的一座微型人工生态循环系统,因把地球本身称作生物圈 1 号而得此名,它由美国前橄榄球运动员约翰·艾伦发起,是爱德华·P·巴斯及其他人员主持建造的人造封闭生态系统。1991 年 9 月 26 日,4 男 4 女共 8 名科研人员首次进驻生物圈 2 号,1993 年 6 月 26 日走出,停留共计 21 个月,在各自的研究领域内均积累了丰富的科学数据和实践经验。

13. 谢耘耕、陈虹:《中国真人秀节目发展报告》,(新闻界,2006.2)。

14. 石萌萌、刘雅静、杨胤:《中国电视进入相亲交友年会,欢迎来相亲真人秀》[J],(南都周刊,2010.4.27)。

15. 克里斯蒂安·麦茨:《想象的能指》[M],(王志敏译),中国广播电视出版社2006年版。

16. 帕格尔:《拉康》[M],(李朝晖译),中国人民大学出版社2008年版。

17. 塞尔达·波洛克:《精神分析与图像》[M],江苏美术出版社2008年版,第228页。

18. 吉尔·德勒兹:《对无声片的论述》,《时间—影像》[M],湖南美术出版社2004年版,第九章。

19. 阿德里安娜·瑟妮:《分析的片段:香坦·阿克曼的〈家乡来信〉(或双城母女记)》题引[J],迈克尔·安·霍利:"有一点是无疑的:注视即是力量,但能够让人注视同样是一种力量。"

20. [法]拉康:《助成"我"的功能形成的镜头子阶段——精神分析经验所揭示的一个阶段》[G]//朱立元、李钧编:《二十世纪西方文论选》,高等教育出版社,2002:357。

21. 郭庆光:《传播学教程》[M],中国人民大学出版社。

22. W.J.T·米歇尔:《图像转向》[M],(范静晔译)。

23. 塞尔达·波洛克:《精神分析与图像》[M],江苏美术出版社2008年版,第228页。

24. 七卷本的《大拉霍斯法语词典》。

25. 新版《罗伯特法语词典》。

26. 张寅德:《叙事学研究》[M],中国社会科学出版社1989年版。

27. 张一兵:《不可能的存在之真——拉康哲学映象》[M],商务印书馆2006年版。

28. 尹鸿:《娱乐旋风——认识电视真人秀》[M],中国广播电视出版社2006年版,第6页。

29. 郭恋恋:《关于真人秀的理论分析》[J],[新闻爱好者,2010(3):30—31]。

30. Annette Hill、赵彦华:《流行真人秀——真实电视节目受众的定性与定量研究》[M]，中国国际广播出版社2008年版。

31. 王影：《论普罗普的故事理论：故事形态和历史根源》[J]，（解放军外国语学院学报，2011年1月25日）。

32. 伏飞雄：《利科与普罗普》[J]，（符号与传媒2011年）。

33. 赵毅衡：《广义叙述学》[M]，四川大学出版社2013年版。

34. Charles Sanders Peirce. Collected Papers [M].Cambridge Mass: Harvard University Press, 1931–1958, Vol．2.

35. 约翰·费斯克等：《关键概念——传播与文化研究辞典》[M]，新华出版社2004年版，第247页。

36. 苗棣：《美国经典电视栏目》，中国广播电视出版社2006年版，第4页。

37. 阚乃庆：《欧美电视真人秀节目发展趋势及启示》，（现代视听，2007年第7期）。

38. 中央电视台总编室：《"真人秀"电视节目的形态特点和本土化趋势》。

39. 引自薛峰论文《论"超女"的成功及其对电视真人秀的影响》，2006年5月，第7页。

40. 谢耘耕、唐禾：《2006年中国电视娱乐节目报告》，（现代传播，2006年第6期，第17页）。

41. [德]舒里安：《日常生活中的艺术》，（罗悌伦译），漓江出版社1993年版，第14页。

42. 宋伟林：《互动模式：提升电视节目竞争力的策略》[J]，[中国广播电视学刊，2008（3）：28—29]。

43. 蒋敏昊：《2012年浙江卫视季播新策略解析》[J]，[收视中国，2012（9）]。

44. 《莎士比亚全集》[M]，（朱生豪译），当代中国出版社1997年版，第二卷，第508页。

45. [澳]J.P·福加斯：《社会交际心理学——人际行为》[M]，（张保生、李晖译），湖南出版社1992年版，第393页。

46. [澳]J.P·福加斯：《社会交际心理学——人际行为》[M]，（张保生、李晖译），湖南出版社1992年版，第382页。

47. [美]欧文·戈夫曼：《日常生活中的自我呈现》[M]，（黄爱华、冯钢译），浙江人民文学出版社1989年版，第14页。

48. ［美］露丝·本尼迪克:《文化模式》[M]，（何锡章、黄欢译），华夏出版社1987年版，第183页。

49. ［美］鲁道夫·阿恩海姆:《艺术与视知觉》[M]，（滕守尧、朱疆源译），中国社会科学出版社1984年版，第636页。

50. 黑格尔:《美学》第一卷。

51. http://baike.baidu.com/link?url=icd2TTbs03P0QqigexzLIXV43JQlLqAKDtByqxfzlqI-GNzVUZNXYNNkcB9rgLJkxTfUcu7mGv62UpkQiz8OsK。

52. 数据参照《中国电视综艺娱乐节目市场报告2006—2007》。

53. 谢耘耕、倪握瑜:《2006中国电视你方唱罢我登场》，[传媒，2006年第12期（总第92期），第19页]。

54. 苗棣、毕啸南:《解密真人秀——规则、模式与创作技巧》，中国广播影视出版社。

55. 郭庆光:《传播学教程》[M]，中国人民大学出版社。

56. 七卷本的《大拉霍斯法语词典》。

57. 新版《罗伯特法语词典》。

58. 张寅德:《叙事学研究》，中国社会科学出版社1989年版。

59. W.J.T·米歇尔:《图像转向》，（范静晔译）。

60. 张一兵:《不可能的存在之真——拉康哲学映象》，2006年版。

61. 塞尔达·波洛克:《精神分析与图像》，江苏美术出版社2008年版，第228页。

62. 参见百度百科词条"情境社会学"。

63. 《帕格尔·拉康》[M]，（李朝晖译），中国人民大学出版社2008年版。

64. 许文郁:《解构影视幻境》，中国社会科学出版社2004年版，第261页。

65. 参见百度百科词条"普世价值"。

66. 参见百度百科词条"托马斯定理"。

67. 参见百度百科词条"镜像理论"。

68. 社会学教授齐格蒙特·鲍曼（Zygmunt Bauman）在"陌生人"理论中，指出陌生的核心就是生存的不确定性，"陌生人"是个体差异集中体现的形象，充满了矛盾性和不确定性。

69. 伏飞雄：《利科与普罗普》[J]，(符号与传媒，2011年)。

70. 参见百度词条"叙事学"。

71. 赵毅衡：《广义叙述学》[M]，四川大学出版社2013年版。

72. [德]舒里安：《日常生活中的艺术》，(罗悌伦译)，漓江出版社1993年版，第14页。

73. 黑格尔：《美学》第一卷。

74. 黑格尔：《美学》第三卷，引《观众审美心理》，第36页。

75. 叶朗：《美学原理》，第44页。

76. [美]鲁道夫·阿恩海姆：《艺术与视知觉》，(滕守尧、朱疆源译)，中国社会科学出版社1984年版，第636页。

77. [德]舒里安：《作为经验的艺术》。

78. 让·保罗：《美学入门》。

79. 谢耘耕、陈虹：《真人秀节目：理论、形态和创新》，复旦大学出版社2007年版。

80. 宫承波、张君昌、王甫：《真人秀在中国》，中国广播影视出版社2015年版。

81. 尹鸿、陆虹：《电视真人秀的节目类型分析》[J]，(人民网，2007年1月8日)。

82. 苗棣：《制作为王：〈非诚勿扰〉的成功之道》[J]，《现代传播》2010年第5期。

83. 苗棣、王更新：《纪实话语与戏剧结构——电视真人秀的叙事特点》[J]，(现代传播，2014年11期)。

84. 王兰：《电视真人秀节目的构成元素分析——以〈爸爸去哪儿〉为例》[J]，[今传媒(学术版)，2015年04期]。

85. 梁良：《中国电视真人秀持续发展的原因》[J]，(青年记者，2010年17期)。

86. 尹鸿：《中国电视艺术发展的一面镜子——评〈中国电视艺术发展报告(第二卷)〉》[J]，(中国电视，2013年11期)。

87. 尹鸿：《解读电视真人秀》[J]，(今传媒，2005年07期)。

88. 刘文：《拉康的镜像理论与自我的建构》[J]，(学术交流，2006年

07期)。

89.周小仪:《拉康的早期思想及其"镜象理论"》[J],(国外文学,1996年第3期)。

90.张法:《从理论的多源上理解拉康的镜像理论和主体结构理论》[J],(社会科学,2011年第4期)。

91.肖路:《从镜像理论谈动画对青少年的影响》[J],(中国青年研究,2012年第3期)。

92.于青:《从"镜像理论"看杜拉斯笔下完美情人形象塑造的深层意义》[J],(西北大学,2009年)。

93.曾景婷:《"镜像理论"关照下影像维度的他者认同与自我重构》[J],[长春工业大学学报(社会科学版),2011年5期]。

94.张淑静:《以镜像理论阐释米兰·昆德拉的〈不朽〉》[J],《文学教育(上)》,2008年05期。

95.张翼飞:《异样的"视"界——从镜像理论看悬疑电影中的"身份/认同"》[J],《美与时代(下)》,2015年06期。

96.曾景婷:《镜子的折射与梦想的游弋——影像维度中的"镜像理论"》[J],[长春工程学院学报(社会科学版),2012年01期]。

97.黄橙:《拉康的镜像理论——他者对自我构建的影响》[J],速读(下旬)2014年8期。

98.朱卫兵:《论广播电视美学研究的对象、范围和意义》[J],(东莞理工学院学报,2012年02期)。

99.陈新民:《走向开放的电视美学》[J],(现代传播——北京广播学院学报,1998年03期)。

100.王甫鲍、玉珩、孙柏楠:《当代电视美学研究概述》[J],(电影评介,2007年20期)。

附　录

附录1：真人秀节目与观众的收视关系情况

问卷调查表

您好，首先感谢您抽空填写我们的问卷，我们是中国传媒大学的博士生，正在完成一项针对真人秀节目的调查工作，本问卷数据仅用于统计分析，所有资料不会公开，答案无对错之分，请您放心填写，感谢您的帮助！

第一部分

1. 您看真人秀节目吗？

（若选 A，请直接跳转至第二部分，略过第三部分）

　　A. 从不　　　　B. 偶尔　　　　C. 经常　　　D. 总是

2. 您一般在什么时段看真人秀？（单选）

　　A. 上下班路上　　B. 工作时间　　　C. 午休时间

　　D. 晚饭后　　　　E. 晚上睡觉前　　F. 其他 _____

3. 您一般通过什么方式观看真人秀？（单选）

　　A. 电脑　　　　　B. 电视　　　　　C. 手机

　　D. 平板电脑　　　E. 其他 _____

4. 您喜欢什么类型的真人秀？（多选）

　　A. 婚姻情感类　　B. 户外探险类　　C. 游戏闯关类

　　D. 亲子游戏类　　E. 才艺 PK 类　　F. 职场考研类类

　　G. 美食类　　　　H. 极限运动　　　I. 室内装修类

　　J. 明星搞笑类　　K. 创业大赛类

5.您一般会参与哪种话题的讨论？（单选）

A.热播剧　　　　B.喜爱的明星　　C.妆容

D.穿衣打扮　　　E.喜爱的节目　　F.其他 _____

6.您觉得现在真人秀节目这么受欢迎的主要原因是什么？（单选）

A.有意思　　　　B.有未知性　　　C.有收获

D.发现明星不为人知的一面　　　　E.里面有喜爱的明星

F.跟随潮流　　　G.其他 _____

7.下面哪个节目你完整看过5期以上？（单选）

A.欢乐喜剧人　　B.我是歌手　　　C.花儿与少年

D.奔跑吧，兄弟　E.爸爸去哪儿　　F.了不起的挑战

G.极限挑战　　　H.智勇大冲关　　I.其他 _____

8.您认为真人秀节目真实吗？（单选）

A.完全真实　　　B.部分真实

C.完全不真实　　D.无法判断

第二部分（单选）

1.过去一周内，使用微博、微信、APP了解新闻资讯的天数：

A.0　B.1　C.2　D.3　E.4　F.5　G.6　H.7

2.过去一周内，参加社交聚会的次数：

A.0　B.1　C.2　D.3　E.4　F.5　G.6　H.7

3.过去一周内，去电影院观看电影的次数：

A.0　B.1　C.2　D.3　E.4　F.5　G.6　H.7

4.您喜欢下面哪类剧种？（多选）

A.革命历史　　　B.家庭伦理　　　C.言情偶像

D.幽默搞笑　　　E.武侠古装　　　F.年代农村

G.悬疑恐怖　　　H.科幻神话　　　I.宫廷穿越

J.其他 _____

5.请问您业余放松的方式有哪些？（单选）

A.运动　　　　　B.旅游　　　　　C.聚会

E.宅在家　　　　F.追剧　　　　　G.唱K

H.兼职　　　　　I.其它 _____

6. 请问您最喜欢哪个颜色？（单选）

    A. 黑   B. 白   C. 红   D. 黄

    E. 蓝 F. 绿   G. 紫   H. 其他 _____

7. 您的穿衣风格更偏向哪类？（单选）

    A. 欧美风   B. 韩   C. 小清新   E. 休闲运动

    F. 跑酷风   G. 日系甜美 I. 其他 _____

8. 您最喜欢听哪类的歌曲？（单选）

    A. 网络   B. 摇滚   C. 嘻哈   D. 乡村

    E. 民谣   F. 爵士   G. 古风   H. 电子

    I. 中国风   J. 纯音乐   K. 其他 _____

第三部分

1. 您在看真人秀时心情是否会根据节目内容而有所变化，如果会为什么？

    A. 游戏环节设置   B. 角色   C. 节目内容

    D. 主题   E. 场景   F. 其他 _____

2. 您会在看真人秀的同时和明星一起参与游戏吗？

    A. 是   B. 否

3. 您有在"线下"同朋友家人同事玩过真人秀里面的游戏吗？（单选）

    A. 经常玩   B. 偶尔玩

    C. 从没玩过，但很想玩   D. 完全不想玩

4. 真人秀里面的人物有同您自己相似的地方吗？（单选）

    A. 语言   B. 动作   C. 做事方法

    D. 穿衣风格 E. 生活方式   F. 没有相似的地方

    G. 其他 _____

5. 您是否会和同学/同事/家人一起玩真人秀中的游戏吗？（单选）

    A. 是   B. 否

6. 您是否会模仿真人秀里面的言行举止？

    A. 会   B. 不会

7. 如果会，您会模仿真人秀里面的（单选）

    A. 语言   B. 动作   C. 做事方法   D. 穿衣风格

E.生活方式　　　F.不会模仿　　　G.其他 _____

8.您是否会和家人、朋友讨论你看过的真人秀节目？（单选）

A.经常讨论　　　B.偶尔讨论　　　C.从不讨论

9.您喜欢真人秀节目里的衣服么？

A.喜欢　　　　　B.不喜欢

10.如果喜欢会买同款么？（单选）

A.一定会　　　　B.喜欢会考虑　　　C.看看就好，不买

11.您对别人使用真人秀里的口头禅有什么看法？（单选）

A.很有意思，自己也会跟着模仿

B.保持远观状态，随大流

C.很无聊，没有意思

12.您在商场里看见真人秀里明星代言的食品是否会买？（单选）

A.是　　　　　　B.否

13.您是否喜欢真人秀节目里面的说话方式？（单选）

A.是　　　　　　B.否

14.您是否会因为某个节目去特别的关注一个明星？（单选）

A.是　　　　　　B.否

15.您是否会因为某个节目去特别的关注一个拍摄场地？（单选）

A.是　　　　　　B.否

16.您觉得真人秀节目对您有什么影响（单选）

A.轻松搞笑、娱乐身心　　　B.提供信息，知道学习和生活

C.活跃人际关系，增加话题　　D.丰富知识

E.仅仅是娱乐节目，没有影响

17.您认为哪些形容词可以比较全面概括自己？（多选）

A. 大方　　　B. 谨慎　　　C. 细腻

D. 独来独往　E. 乐观开朗　F. 活泼好动

G. 仔细认真　H. 较劲　　　I. 有点二

J. 女汉子　　K. 大大咧咧　L. 其他 _____

18.下面那些词汇更符合公开场合你的状态？（多选）

A. 慷慨　　　B. 敏感　　　C. 细心

D. 安静　　　E. 善于表达　F. 幽默搞笑

G. 和蔼可亲　　　　H. 平易近人　　　　K. 其他 _____

19. 你更喜欢真人秀角色的哪些特质？（多选）

A. 慷慨大方　　　　B. 谨慎细致　　　　C. 乐观开朗

D. 多才多艺　　　　E. 大大咧咧　　　　F. 认真踏实

G. 安静平和　　　　H. 搞笑犯二　　　　I. 其他 _____

20. 您认为您喜欢的真人秀节目里面里有您的影子吗？

A. 有　　　　　　　B. 没有

21. 您是否会根据节目内容反思自己的日常行为？（单选）

A. 是　　　　　　　B. 否

22. 如果会那么您会改善自己哪方面的日常行为？（单选）

A. 人际沟通方式　　B. 情感表达　　　　C. 团队协作

D. 动手能力　　　　E. 学习方法　　　　F. 其他 _____

您是否同意下列说法？	完全不同意	不同意	无所谓	同意	非常同意
真人秀节目应该是真实的					
真人秀的社会影响很大					
看真人秀节目我会很关心游戏进程					
真人秀节目里的明星表现让我感觉很真实					
我的心情会跟随节目里的情节有喜怒哀乐的变化					
我觉得真人秀节目会带动周边产品和经济					
我希望真人秀节目可以更真实					
真人秀节目会影响大家对某一个人的看法					
我会特地去看最近流行的真人秀节目					
我会去玩真人秀节目里出现的新游戏					
我会因为真人秀节目去关注公益					
我会去看自己不喜欢却很流行的真人秀节目					
我会因为讨厌一个人而不去看某真人秀节目					
我会因为节目传达的某种观点而不去看这个节目					

第四部分

1. 您现在居住地区：

A. 二环内　　　　B. 三环到四环

C. 五环到六环　　D. 六环外

2. 您的月收入水平：

A. 3000以下　　　B. 3000~5000　　C. 5000~8000

D. 8000~20000　　E. 20000以上

3. 您的受教育程度：

A. 高中及以下　　B. 高中　　　　C. 本科

D. 专科　　　　　E. 硕士　　　　F. 研究生以上

G. 其他 _____

4. 您的性别：

A. 男　　　　　　B. 女

5. 您的年龄：

A. 10岁以下　　　B. 11~20　　　C. 21~30　　　D. 31~40

E. 41~50　　　　　F. 51~60　　　G. 61以上

您的问卷调查做完了，感谢您能在百忙之中抽出时间配合我们的调查工作，谢谢您的积极参与！祝您学习和生活愉快！

附录2：中国电视真人秀节目与观众之间的关系研究调查访谈问卷数据分析

1. 研究背景

时下，中国电视荧屏上大量涌现的真人秀节目掀起了一股"真人秀热"，深刻改变了电视行业生态和电视节目生产逻辑，本调查以中国电视真人秀与受众之间的关系为思考起点，思考以下问题：不同的真人秀节目会带给大众怎样不同的情感反应？他们的反应是由什么引发？为什么有些真人秀节目会被大众迅速接受，有些却悄无声息？大众对于真人秀节目的兴趣是主动出现还是被动引发？真人秀的节目形态会带给大众怎样的思维模式？全民追逐真人秀的狂热中，大众的行为和思想如何被影响？并从这一组分题单出发，设计了本调查问卷。

2. 研究方法：问卷调查法

3. 调查对象或样本构成

（1）抽样方法：

本次调查采用访员实地发放问卷的调查方式，运用分区域简单随机的方法在北京市内随机抽取了密云大剧院、大兴枣园、王府井商业区等十二个区块的居民。首先将北京市地图上均匀地划分为60个小区块并编号，然后在其中简单随机抽取了12个生活区域。再派访员去实地发放问卷，问卷发放遵循配额原则，根据第六次人口普查数据中北京市居民的年龄比例进行街头拦访。

本次调查问卷共涉及三个方面的问题，其中关于个人观看习惯调查的题占比16%，真人秀观众受影响因素调查的题占比74%，基本信息调查的题占比10%。本次调查在各大城区分别采集的样本量中东西两城共发放问卷200份，其他各城区共发放350份问卷。共计发放问卷550份，问卷全部收回，经统计有效问卷504份，有效填答率为91%，作为本次调查最终的统计分析样本。

（2）样本描述：

性别分布

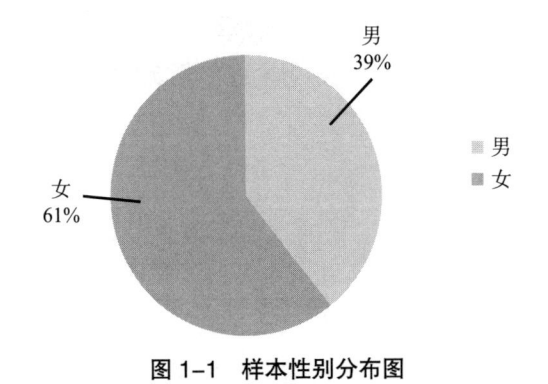

图1-1 样本性别分布图

图1-1可知，本次接受调查的503人中，男女比例相差较大，分别占总人数的61%和39%，其中女性偏多。

年龄分布

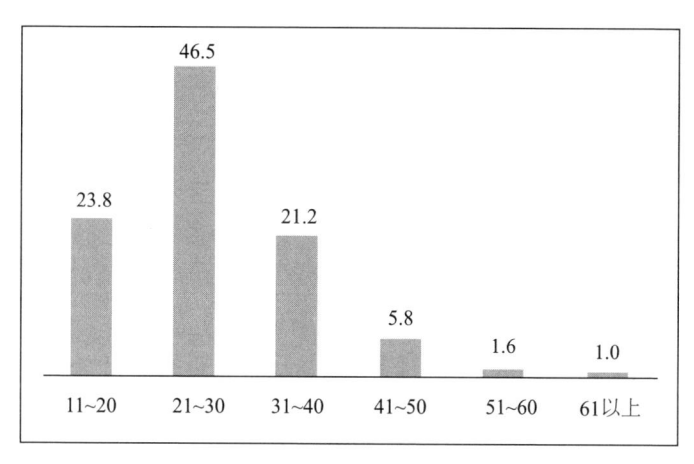

图1-2 样本年龄分布

图1-2可知，样本相对集中地分布在11~40岁年龄段，其中21~30岁最多，高达46.5%。51岁及以上人群占比较小。

居住地分布

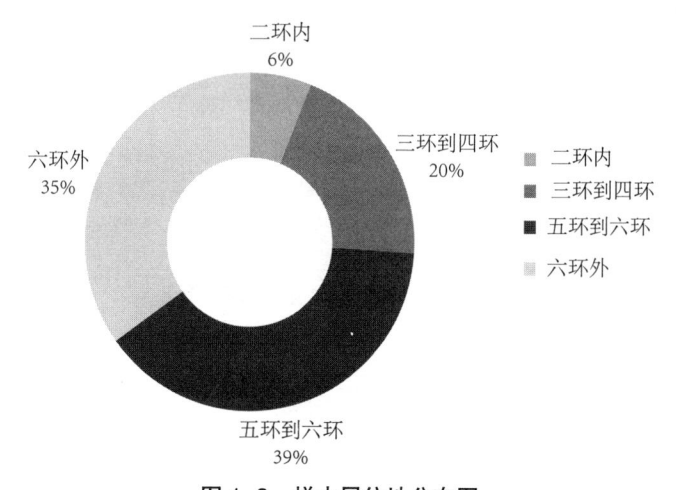

图1-3 样本居住地分布图

图1-3可知，居住在二环内的占总人数6%，居住在三环到四环的占总人数20%，五环到六环的人数较多，占总人数39%。

受教育程度情况

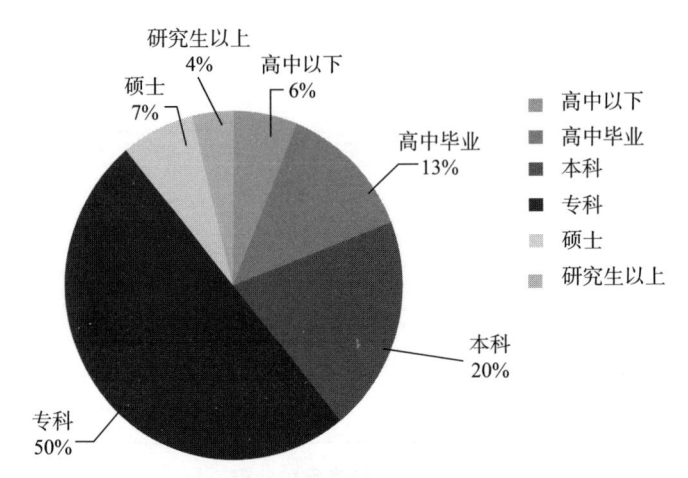

图1-4 本样本受教育程度情况图

图1-4可知，专科及以上学历占据了样本的绝大多数，其中，专科及本科学历高达70%。

个人观看习惯部分

1）观看情况

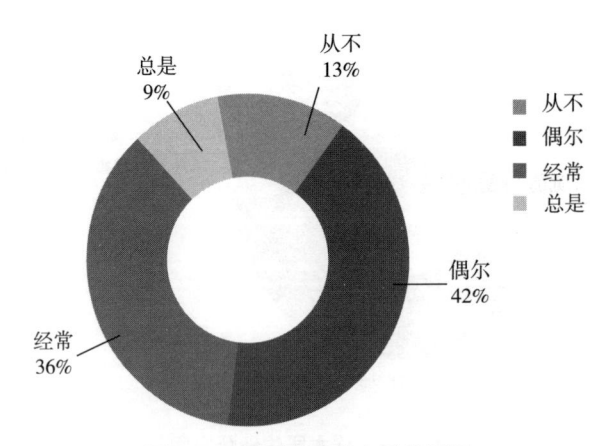

图2-1 是否观看真人秀节目图

图 2-1 可知，从不看真人秀的调查对象在 13% 左右，偶尔看的观众最多，高达 42%，经常看的观众占比 36%。总体来说，86% 的受访者观看真人秀节目，仅有 13% 的受访者从不观看真人秀节目。

对此，我们将 86% 的受访者作为数据样本，做进一步的分析。

2）喜爱偏好

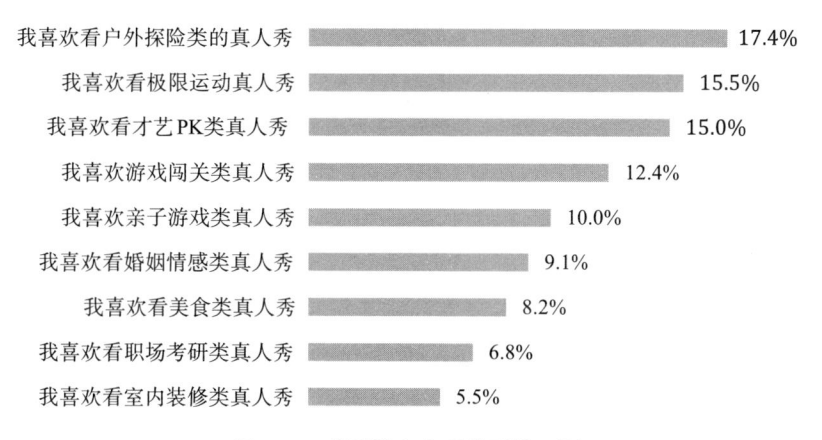

我喜欢看户外探险类的真人秀	17.4%
我喜欢看极限运动真人秀	15.5%
我喜欢看才艺PK类真人秀	15.0%
我喜欢游戏闯关类真人秀	12.4%
我喜欢亲子游戏类真人秀	10.0%
我喜欢看婚姻情感类真人秀	9.1%
我喜欢看美食类真人秀	8.2%
我喜欢看职场考研类真人秀	6.8%
我喜欢看室内装修类真人秀	5.5%

图 2-2 喜爱的真人秀类型情况图

该题为多选题。图 2-2 可知，按照真人秀节目的分类，喜爱看户外探险类真人秀节目的受访者最高，占比 17.4%。

3）时间段及方式

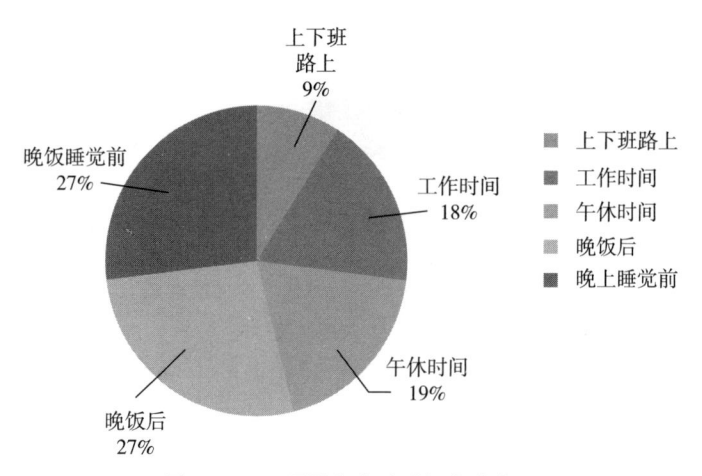

上下班路上	9%
工作时间	18%
午休时间	19%
晚饭后	27%
晚上睡觉前	27%

图 2-3-1 观看真人秀时间段分布图

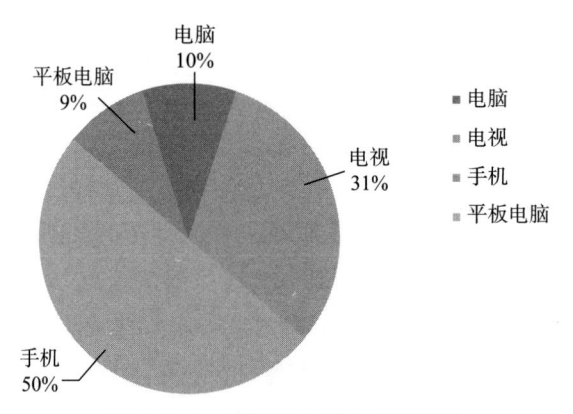

图 2-3-2　观看真人秀方式分布图

图 2-3 可知，观看真人秀节目的观众大部分是利用晚上睡觉前和晚饭后的时间观看，同等占比 27%，在观看方式上使用手机观看的频率较高，占比 50%，使用平板电脑观看较少，占比 9%。

真人秀观众受影响因素分析

1）真人秀里是否有你的影子

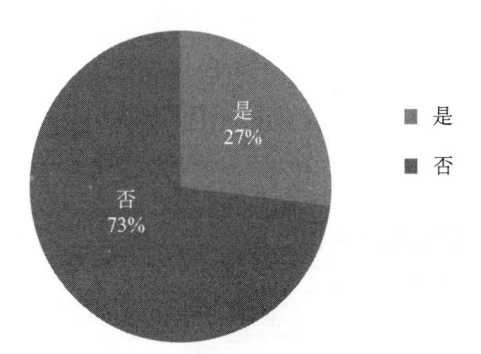

图 3-1　真人秀节目与自我相似度情况图

图 3-1 可知，认为真人秀中是与自我相似的占比 27%，而没有相似度的则占到了 73%。

2）观看节目时是否会反思自我

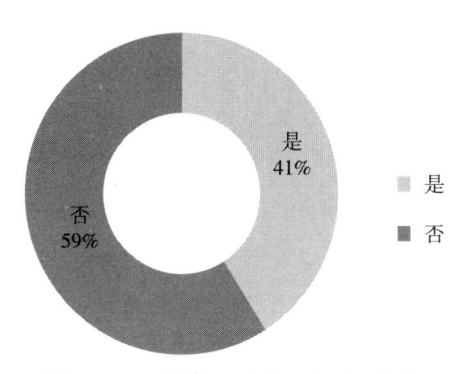

图 3-2 观看节目时是否会反思自我

图 3-2 可知，41%受访者观看节目时会反思自我，占比较多；但是仍有 59%的受访者认为观看节目时并不会反思自我。

3）线下游戏与互动

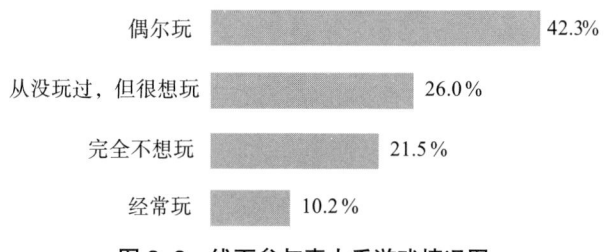

图 3-3 线下参与真人秀游戏情况图

图 3-3 所示，偶尔玩线下游戏的观众占比较多 42.3%，从没玩过，但很想玩的观众占比 26.0%。

4）真人秀节目对男女观众心情影响因素

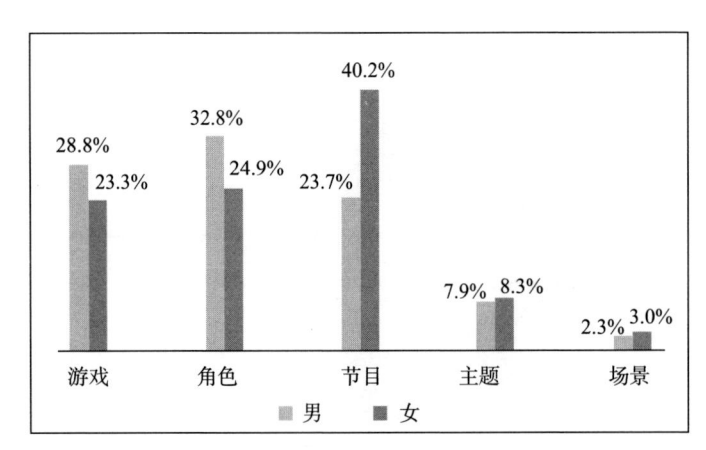

图3-4 真人秀节目对男女观众心情影响因素情况图

图3-4可知，女性观众因节目内容改变心情的较多，占比40.2%，因场景改变的较少，占比3%，而男性心情因角色改变较多，占比32.8%，因场景改变较少，占比2.3%。总计，男性与女性受到节目影响的因素依次为：节目内容、参与角色、游戏环节设置、主题以及节目场景。

5）真人秀节目影响因素

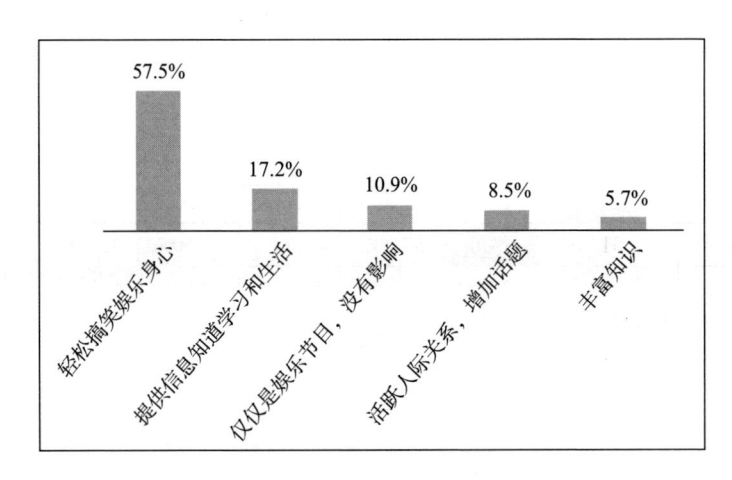

图3-5 真人秀节目影响因素图

图3-5可知，受访者认为真人秀节目带给自己的是轻松搞笑，娱乐身心的占比较多，57.5%。

6）观众模仿节目情况

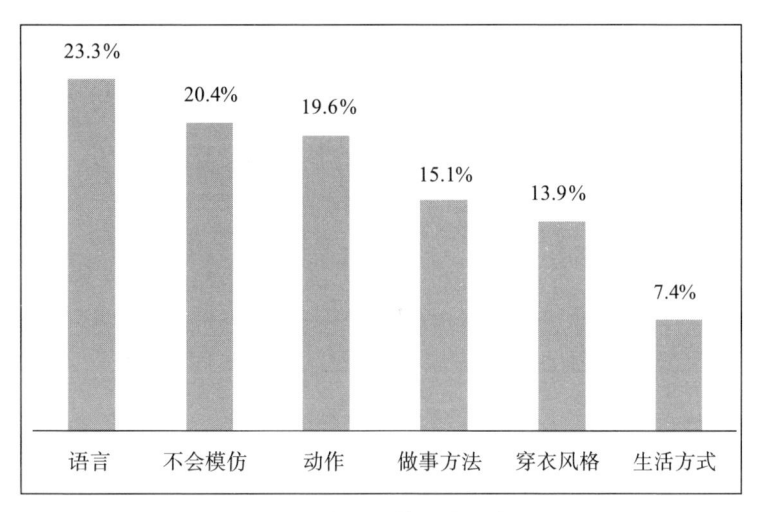

图 3-6 观众模仿节目情况情况图

图 3-6 可知，受访者会模仿节目里语言的占比 23.3%，不会模仿的占比 20.4%，模仿动作的占比 19.6%，模仿做事方法的占比 15.1%，模仿穿衣风格的占比 13.9%，而模仿生活方式的占比最少，仅有 7.4%。

7）年龄差异与模仿真人秀方法

你的年龄	你会模仿真人秀里面的						
	语言	动作	做事方法	穿衣风格	生活方式	不会模仿	合计
11~20	32.70%	21.70%	15.70%	16.70%	32.30%	20.50%	23.30%
21~30	51.80%	56.50%	57.10%	43.90%	35.50%	32.10%	47.40%
31~40	9.10%	10.10%	22.90%	31.80%	22.60%	37.20%	21.20%
41~50	5.50%	7.20%	2.90%	4.50%	6.50%	6.40%	5.40%
51~60	0.90%	2.90%	1.40%	1.50%	0.00%	2.60%	1.70%
61 以上	0.00%	1.40%	0.00%	1.50%	3.20%	1.30%	0.90%
合计	100.00%	100.00%	100.00%	100.00%	100.00%	100.00%	100.00%

图 3-7 年龄差异与模仿真人秀方法情况表

经卡方检验发现，不同年龄段模仿真人秀方法上存在显著差异，（sig＜0.03，C≥0.325）11~20岁的观看者模仿语言类较多，占比32.7%，年龄21~30岁的观看者模仿动作类较多，占比56.5%，年龄31~40岁的观看者认为不会模仿占比较多，年龄41~50岁的观看者，模仿动作类占比较多，占比2.9%，年龄51~60岁的观看者认为不会模仿语言以及做事方法。

8）真人秀观看情况与购买明星同款产品消费意向关联度

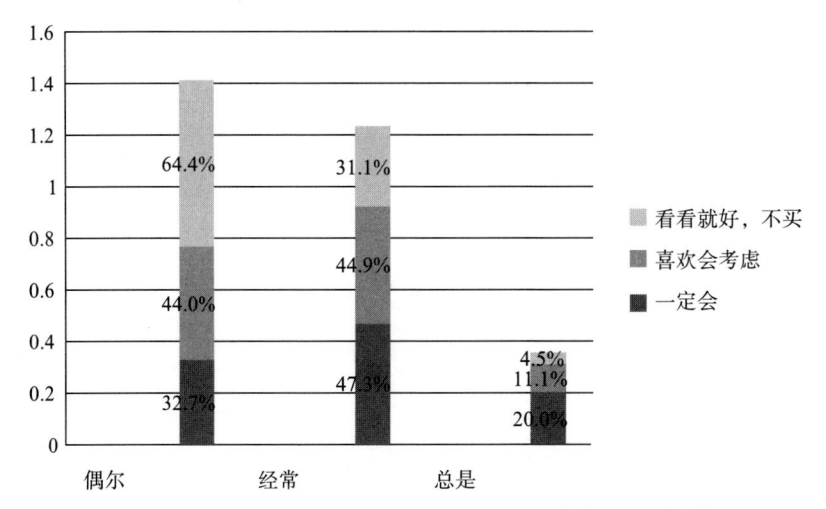

图3-8 真人秀观看情况与购买明星同款产品消费意向关联度情况图

图3-8可知，经卡方检验发现，不同真人秀节目观看程度的受访者在是否购买明星同款产品上存在显著差异（sig＜0.001，C≥0.325）：经常观看的受访者与其他观众在一定会购买明星同款产品的意向上，显著高于其他群体，占比达47.3%。

9）观众受教育程度与自我改善方面

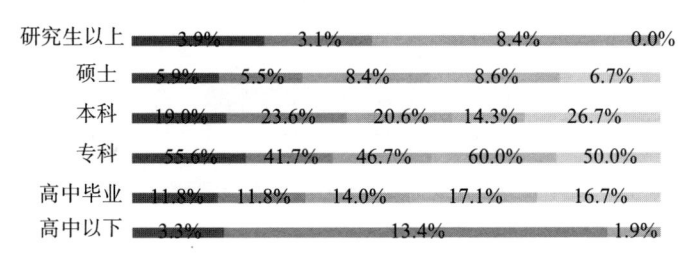

图3-9 观众受教育程度与自我改善方面情况表

图 3-9 可知，经卡方检验发现，不同受教育程度的受访者在对于自我改善的看法上存在显著差异（sig < 0.001，C ⩾ 0.325）。受专科教育程度 55.6% 的受访者会改善人际沟通方式，占比较多，而硕士研究生及高中以下受访者认为不会改善学习方法。

致　谢

　　36岁的本命年，坐在初夏明晃晃的太阳光下写致谢，这一刻，宁静而幸福。4年来的时光，就像电影的画格，快进慢放，在明暗起伏间，能隐约地看到那个过去的"我"和现在的"我"。时间是一个通道，在时间的沙漏里，我的聪明愈少，我的勇气愈多；我的所求愈少，我的所想愈多。我站在时间的两端，对这个世界，充满感恩。

　　19岁，成为电视记者，21岁，走进母校，22岁，进入中央电视台，25岁，攻读硕士，28岁，成为大学老师，29岁结婚，30岁生女，32岁考上博士，36岁，准备答辩。在攻读博士之前，我一刻不停地向前走，似乎所有的过程都只为求得一个结果，走着走着，却忘记了最初的念想。博士四年，开题—中期—考核—答辩，是学术上的探求，也是人生的回望。论文从起笔到落笔，思考中剥落一层层的表象，最终通达内心，完成了一次自我的重塑与回归。

　　记得十年前，读硕士上蒲振元先生的课，课间曾困惑地问先生："什么是知识分子？"先生并不答，让我自己去想。十年，在博士学习即将结束之时，那一幕突然跳出来，具象为一张张老师的面孔，和一次次的艰难探索。我不再困惑，内心温暖。

　　十年间，感恩遇到的每一位老师，感恩定格的每一个场景。

　　博士的四年，是我学生生涯中最为坚难的时光。女儿、妻子与母亲的多重身份，在时间与空间上与学习争夺精力。从入学到答辩，每一步的挪动都是重压之下的自我蜕变，每每有犹疑，每每想懈怠，都有老师的鼓励在身边。学术之路从来不是开阔平坦的，不放弃、不回避，才能坚实地向前走。

　　感谢这四年的博士学习，感恩我的导师仲呈祥先生。仲老师是一位德高望重的大家，在我学习的最后四年，能够有幸得到先生的指导，将一生受益。先生讲课、参会，总会到得很早，说话的时候铿锵有力，讲课时生动有趣，四个小时很少喝水，也较少休息，内容行云流水，一气呵成，叫人酣畅淋漓。我很多次把老师的讲座一字一句打印出来，反复琢磨，对照学习。在我的博士论文确立后，老师为我搭桥铺路，将论文的成果引入仲老师主编的中国艺术学文库，作为其中的一本著作由中国文联出版社公开发表，也为我的博士阶段的学习画上了圆满的句号。

博士阶段的论文成果，我对于《互为与互动的镜像——中国电视真人秀节目研究》一文所持的观点，其文章的框架安排，是这些年实践经验至理论梳理的一次自我总结。从想法到定稿，反反复复，其过程艰辛无比。这种精神的痛苦和自我挤压，每一步的完成都得到了众多老师的指点，正是这些指导，使我在无数次的焦灼之后，偶然得到一丝丝学术探索中的愉悦，就像是黑夜中的一点光，让我充满力量挣扎前行。

感谢周月亮老师的耐心指导，不厌其烦地听我赘述，每在关键环节总能够让我茅塞顿开，如同打通了任督二脉；感谢苗棣老师在我疲惫懈怠的时候，一针见血地指出我的问题；感谢人民日报社胡欣总编辑，如师如友的指点和陪伴，一字一句地探讨修改，使论文的逻辑更加严密，用词更准确；感谢徐辉老师的鼓励，感谢我的师兄张金尧老师、马潇老师，感谢我的师姐孙百卉老师。作为一名成年人，这四年中若干次的泪流满面，从焦灼无力到充满勇气，从停滞不前到灵光闪现，从吃力攀爬到踏实回望，都将成为我内心最温暖的记忆。

感谢我的硕导李兴国老师，十多年来，如师如父地指引、教导，见证了我学术生涯的每一次微小的进步，在所有的重要时刻给予我最有力的支持。

学术探索终究孤独，是一条漫长的夜路，有志同道合的挚友相伴，才能够满心欢喜地讨论和分享。感谢中国传媒大学的龚险峰师哥、崔迎春师姐、妙青师弟，因为你们的同行，2016年格外不同。

感谢我的家人：我的父母、丈夫和女儿。

跟随自己的内心，一步步走到今天，在学术的追求上，我的执着近乎自私。作为女儿、妻子和母亲，我的时间更多地给了工作和学习，而他们的时间则更多地给予了我。2012年春节，公公去世；4月，母亲大手术住院；5月，我参加博士入学考试；7月，女儿上幼儿园。此后三年时光，我接送她的次数不超过十次。四年学习，我埋头向前，全身心地投入，这背后正是家人的坚实支持。

尤如和"自我"对话，我想感谢我自己。

八年的记者经历，从记录片开始入门，到成为大型真人秀节目的策划与导演，在实践中一路摸爬滚打，在理论研究之中走走停停。对于论文题目的选择，我从个人经验出发提出问题，坚持理论的研究与自己实践积累相结合，给自己找了一块硬骨头啃，但老师的包容和关爱，家人的庇护和支持，使得这个过程与结果都能够完全依照我的本心，实在是一种莫大的幸福。

博士阶段的学习即将结束，内心的信念已然清晰，学术的探求没有止境，今日是阶段的句号，明日又是新的起点，此后的每一步，只愿踏实有力。

不忘初心，方得始终。